國語國文學叢書 013

五倫行實圖

JN445009

학자원

국어국문학총서 13
五倫行實圖

2017년 7월 25일 초판 1쇄 발행

저　자 : 沈象奎 等
펴낸이 : 김병환
펴낸곳 : 학자원
주　소 : 134-814 서울시 강동구 천호대로 1121
전　화 : 02) 6403-1000
팩　스 : 02) 6338-1001
E-mail : hakjaone@daum.net
등　록 : 2011년 3월 24일 제324-2011-14호

HAKJAONE Publishing Co.
1121 Cheonho-Daero Kangdong-Gu Seoul

ISBN : 979-11-87806-36-3 93810

값 70,000원

五倫行實圖

壬申二月初二日

傳曰今將釋奠親行名對泮長與諸儒講論夫子之學闡明夫子之道於予心充然有得矣咨爾諸生克體予意其各篤業修行崇我正學光此大道是所厚望也今日此舉不可無示意泮長特為加資太學掌議及近教官作窠擬入其餘齋任各書冊一件賜給

御製

仰述先王禮泮宮釋奠成講論夫子學吾道為光明

賡進

聖上親臨學丁辰大禮成執經叨昵侍何幸際昌明

御製養老務農頒行小學五倫行實鄉飲酒禮鄉約

綸音

王若曰予聞之夫子觀於鄉而知王道之易易觀政在朝觀俗在野政之所及者淺俗之所得者深故善乎觀人之國者必先其野而後其朝予膺天之嘏恭逢 慈宮週甲期與大耋之年其樂尊年錫類之典無所不用其極而觀於朝政無可紀觀於野俗不維新惟予一人否德不敢比先王觀也每中夜以思忘寢屢興憫近俗之難矯慨初心之多負予之所自期豈欲如斯而止乎哉人心安則逸逸則玩玩則

縱而浪遂至沉酣豢養於積累昇平之樂而幼違蒙
養之正長乏師受之益指拘撿爲迂詭覩靡誕爲活
計自少至老若不知天叙天秩之有典有則三杯揖
讓固尙矣風流之篤厚亦難乎一變而至夫愛親者
不敢惡於人敬親者不敢慢於人以其廣敬而因本
也故虞夏商周之相承富德親爵之有殊而齒則不
遺者蓋年之爲貴次於事親也凡今之人不畏遺年
也故其弊也爲五品之不遜經曰先王有至德要道
以順天下故忠可移於君順可移於長治可移於官
傳曰人人親其親長其長而天下平廣敬因本之責

予方反求之不暇而物候窮則天根露習氣盡而眞
情見意者時雍日新之機迨其今乎小學一書卽學
校始敎之次第節目也以予寡昧尙賴 先大王導
迪之恩記在童習之年粗收日講之力世之子弟雖
不及遍通六經或庶幾勉勉持循於做人樣子而邇
來學日益渝敎日益弛此書隨而束閣予爲是瞿矣
命內閣之臣就訓義而攷證之且三綱二倫行實等
篇爲輔治勵世之具與小學書不可偏廢釐爲一編
命之曰五倫行實予又思之一日禮行風動四方惟
鄕飮酒近之是禮也休老而勞農導歡而序齒明貴

賤而辨隆卑正身安國之要率是以興也粤我 世
宗盛際創行養老宴三綱行實之頒下亦在其時民
到于今擧切親賢樂利之思而不能讓予小子其敢
不修述焉然鄕約之於化民成俗亦易爲力朱夫子
蓋嘗月朝讀約三代之制如復可見予故曰因今之
民變古之俗被之以仁義示之以本實鄕約之效不
差於鄕飮酒此規亦不可不講而明之機務之暇彙
成鄕飮儀式鄕約條例欲其委曲周摯文質俱備偕
我同胞之民油然起感肅然知序苟使是擧不歸於
徒法徒言則何頑之敢梗何愚之不明乎咨爾有衆

毋侮古訓毋迂予言俛焉孶孶惟玆飮玆約是講是
遵其君子若生三古而秉周禮其小人若捧乘矢而
游豳圖一切知菽粟可去而親親長長之不可斯須
去以爲人乎何暇他求卽此而民志壹世教靖予與
爾有衆共享无疆之祚以對越天地之耿光以丕承
祖宗之謨烈尙克時忱其永有賴觀乎朝野彬彬改
觀則受豐福而享勳力其在斯乎其在斯乎故曰老
老而民興孝又曰老吾老以及人之老値三元之嘉
會祝萬壽於　慈宮仰瞻韶顔喜騰難老推而廣之
休寧羣老羣老之休且寧顧不係於豐年之多黍多

稌乎故勞農爲休老之本四日得辛則熟十日得辛則稔熟旣驗於昨歲稔可占於今年天以錫我康功我亦勤玆田功徯志之應庶可質諸歲歲年年如昨如今以至萬斯年無斁農夫之慶人子之慶也人子之慶朝廷之慶也

上之二十一年正月初一日

五倫行實圖序

上之二十有一年丁巳月正元日誕誥八方以休老勞農之義尋以鄉飮酒鄉約條例士冠昏儀釐爲一編又敎若曰我朝儀物之備隆自我 英陵盛際聖神相承治敎休明而三綱二倫之書後先彙成列于學官爲化民成俗之本今欲講行鄉禮宜自二書而表章之乃命其書曰五倫行實以 臣晩秀與聞是役俾爲之序 臣謹拜手稽首言曰 臣聞禮也者序也序也者倫叙也品秩也叙之以君臣父子兄弟夫婦朋友之倫秩之以尊卑貴賤等級隆殺之品敬爲主

而和爲用用之朝廷鄉里閨門之中上下莫不和敬
而三物之敎興二南之化行垂而爲天下則立而爲
萬世法恭惟我　殿下孝冠百王道接千聖明於人
倫之至察於庶物之品推躬行心得之餘懋時敏日
躋之工治必師古事必率舊百度惟貞兆民允協然
以大禹不自假之衷常有文王如未見之歎丕惟曰
使斯民不得爲堯舜之民時予之責也亦惟曰使斯
世不得爲唐虞之世時予之責也旣又曰咨不遜不
親勉哉敷敎此乃我　殿下所以命臣等潤色而臣
等所以承命考校者也而其爲書上摭純行嫓節旁

搜卓烈懿範傳以記之繪以象之詩以詠之贊以褒之使匹夫匹婦一開卷一涉目油然起感怵然興惕皆有以知其爲臣忠爲子孝爲婦貞長其長友其友之爲性分之所固有職分之所當然不待司徒典樂之屬誘掖薰陶之功賢者俯而就之愚者跂以及之此又我　聖祖所以創命裒輯而我　殿下所以修述闡明者也　臣等管蠡何敢贊一辭於其間哉書曰天叙有典勑我五典五惇哉天秩有禮自我五禮五庸哉同寅協恭和衷哉易之繫曰觀其會通以行其典禮推而行之存乎道不言而信存乎德行斯民也

堯舜之民也斯世也唐虞之世也唐虞之敎行于斯世而堯舜之治及於斯民在殿下注措施爲之動合堯舜唐虞臣敢書此以備睿御之箴是歲孟夏嘉善大夫行承政院左承旨兼經筵參贊官春秋館修撰官奎章閣直提學知製敎臣李晩秀奉敎謹序

三綱行實圖原序

天下之達道五而三綱居其首實經綸之大法而萬化之本源也若稽諸古帝舜愼徽五典成湯肇修人紀周家重民五敎而賓興三物帝王爲治之先務可知也已宣德辛亥夏我　主上殿下命近臣若曰三代之治皆所以明人倫也後世敎化陵夷百姓不親君臣父子夫婦之大倫率皆昧於所性而常失於薄間有卓行高節不爲習俗所移而聳人觀聽者亦多予欲使取其特異者作爲圖贊頌諸中外庶幾愚夫愚婦皆得易以觀感而興起則亦化民成俗之一道

也乃命集賢殿副提學 臣 偰循掌編摩之事於是自
中國以至我東方古今書傳所載靡不蒐閱得孝子
忠臣烈女之卓然可述者合百有十人圖形於前紀
實於後而并系以詩孝子則謹錄 太宗文皇帝所
賜孝順事實之詩兼取 臣 高祖 臣 溥所撰孝行錄中
名儒李齊賢之贊其餘則令輔臣分撰忠臣烈女之
詩亦令文臣分製編訖賜名三綱行實圖令鑄字所
鋟梓永傳爰命 臣 採序其卷端 臣 採竊惟君親夫婦
之倫忠孝節義之道是乃降衷秉彝人人所同窮天
地之始而俱生極天地之終而罔墜不以堯舜之仁

而有餘不以桀紂之暴而不足然先王之時五典克
從民用和睦而比屋可封三代以後治日常少而亂
賊之徒接跡於世者良由君上導養之如何耳今我
主上殿下以神聖之資盡君師之道功成治定萬目
畢張而以扶植綱常維持世道爲本凡有關於名敎
者無不講究商確著爲彛典所以化民於躬行心得
之餘者旣極其至猶慮興起之方有所未盡乃爲此
書廣布民間使無賢愚貴賤孩童婦女皆有以樂觀
而習聞披玩其圖以想形容諷詠其詩以體情性莫
不歆羨歎慕勸勉激勵以感發其同然之善心而盡

其職分之當爲矣蓋與帝王惇典敷敎之義同一揆
而條理有加密焉由是民風丕變治道益隆家盡孝
順之子國皆忠藎之臣南陔白華之什漢廣汝墳之
詩將繼作於委巷之間王化之美當無讓於二南而
王業之固實永傳於萬世後之君子益體宸衷服膺
敬守於無窮豈不韙歟宣德七年六月奉列大夫集
賢殿應敎藝文館應敎知製敎經筵檢討官臣權採
奉敎序

三綱行實圖原跋

三綱行實圖一編卽我　世宗朝刋布民間以爲明人倫敦敎化之一助者也蓋生民彛倫不出於此三者能盡其道則爲聖爲賢不能者人不得爲人故先王敎民莫不以是爲本此編之行已三百有餘年則今日吾民之能子而孝臣而忠夫和婦順不陷於禽獸夷狄者未必非此編有以觀感之也其爲助豈少也哉凡民之生俱有秉彛雖甚頑難化者苟見古人至行感人處則未嘗不戚然動心或能飜然悟决然改復爲善人君子者有之此編所圖悉皆古人之至

性特行而又畱詩以係其末則凡觀其圖詠其詩者
苟有人性其孰不觀感而興起也此當日　聖祖之
所以特命刊布者也余於昨年謫此道見民俗猶未
甚淳心竊慨然矣及爲方伯意欲廣布此圖以助宣
化之方而本道舊無此板遂求得一本募遊手刊出
而顧其舊譯諺書語甚簡難解又皆增刪改飜使觀
者雖愚夫愚婦皆得瞭然易知仍分布一道冀得以
少補風化之萬一噫古語曰以心教者從以言教者
訟爲上者苟無躬行之實顧安得化其下哉今余此
圖之刊行非以謂化民之本專在於是爲政者亦不

可不知此意也歲丙午春行平安道觀察使兼都巡
察使尹憲柱謹跋

二倫行實圖原序

天生烝民有物有則該而目之爲五倫撮而揭之爲三綱皆根於人心之所固有天理之所當然其曰倫曰綱非有二也　本朝三綱行實之書旣廣布中外人人皆知忠臣孝子烈婦之行爲可仰也莫不感激奮勵以興起其善心獨於長幼朋友二倫未之見焉今慶尙道觀察使金公諱安國嘗在政院入侍經幄請撰二倫行實添續三綱以備觀感　上可之下禮曹令設局撰進命未及行而公出按于南首屬前司譯院正曹伸撰集歷代諸賢處長幼交朋友其行蹟

可爲師法者得若干人於兄弟圖附宗族於朋友圖附師生紀事圖贊諺譯悉倣三綱行實刋于金山郡請余爲序余受而讀之爲之言曰書曰立愛惟親立敬惟長始于家邦終于四海曾子曰君子以文會友以友輔仁蓋敬長所以廣其悌也取友所以輔其德也將使一國之人人人興於悌以敬其長則風俗其不厚乎人人取其友以輔其德則善人其不衆乎風俗厚則上下安善人衆則治道進然則是書自當與三綱行實並行於世爲　聖朝教化之基本豈不美歟恭惟我　主上殿下聖智天縱日與賢士大夫討

論經史講劘治道莫不以教化爲致治之先務公能
上體聖意賦政之初汲汲焉編輯是書刊行州里以
扶植彝倫爲化民之本而躬率礪師生以考其德業
旁搜孝行貞烈之卓異者聞于　上而旌表之又令
慶州安東等五邑刊書籍之有關於治道者凡十一
其曰童蒙須知正蒙養也曰口訣小學培根本也曰
三綱二倫行實明人倫也曰性理大全崇正學也曰
諺解正俗諺解呂氏鄉約正鄉俗也曰諺解農書蠶
書敦本業也曰諺解瘡疹方辟瘟方救夭札也此雖
未足以盡公之善而然因此可以見公之學問抱負

大有以異於人也噫世之觀是書者其皆以公之心爲心勉之哉正德戊寅三月晉川姜渾書于晉之東皐村舍

奉

教校閱

大匡輔國崇祿大夫判中樞府事原任　奎章閣

直提學臣李秉模

大匡輔國崇祿大夫議政府右議政兼領　經筵

事監春秋館事原任　奎章閣提學臣尹蓍東

奉

教監印

嘉善大夫行承政院左承旨兼　經筵參贊官春

秋館修撰官成均館大司成　奎章閣直提學知

製 敎 臣 李晩秀

禦侮將軍行龍驤衛副司果 奎章閣檢校待敎

知製 敎 臣 沈象奎

內閣講製抄 啓文臣朝奉大夫行議政府檢詳

兼春秋館記注官南學敎授 臣 金近淳

內閣講製抄 啓文臣宣略將軍行龍驤衛副司

果 臣 申絢

內閣講製抄 啓文臣通善郞行藝文館檢閱兼

春秋館記事官 臣 吳泰曾

內閣講製抄 啓文臣務功郞行藝文館檢閱兼

春秋館記事官 臣 金履永
內閣講製抄 啓文臣秉節校尉忠武衛副司正
臣 曹錫中
內閣講製抄 啓文臣秉節校尉忠武衛副司正
臣 洪奭周

五倫行實圖卷第一目錄

孝子

閔損單衣
列國
魯

閔損字子騫孔子弟子早喪母父娶後妻生二子母嫉損所生子衣棉絮衣損以蘆花絮父冬月令損御車體寒失靷父察知之欲遣後妻損啓父曰母在一子寒母去三子單父善其言而止母亦感悔遂成慈母

〔詩〕身衣蘆花不禦寒隆冬寧使一身單仍將好語回嚴父子得團圞母得安　孝哉閔損世稱賢德行由來萬古傳繼母一朝能感悟從玆慈愛意無偏

〔贊〕後母不慈獨厚己兒弟溫兄凍蘆絮非棉父將

逐母跪白于前母今在此一子獨寒若令母去三
子俱單父感而止孝乎閔子
민손의ᄌᆞᄂᆞᆫᄌᆞ건이니공ᄌᆞ뎨ᄌᆞ라일즉어미죽
고아비후쳐ᄅᆞᆯ취ᄒᆞ여두아ᄃᆞᆯ을나흐니손의계
뫼손을믜워ᄒᆞ여나흔아ᄃᆞᆯ으란오시소옴두어
닙히고손으란ᄀᆞᆯ품을두어닙히더니겨울에그
아비손으로ᄒᆞ여곰술위ᄅᆞᆯ몰시치위몰혁을노
하ᄇᆞ린ᄃᆡ아비ᄉᆞᆯ펴알고후쳐ᄅᆞᆯ내티고져ᄒᆞ거
ᄂᆞᆯ손이ᄉᆞᆯ와ᄀᆞᆯ오ᄃᆡ어미이시면ᄒᆞᆫ아ᄃᆞᆯ이칩고
어미업ᄉᆞ면세아ᄃᆞᆯ이치우리이다ᄒᆞᆫ대아비그

말을어딜이너겨아니내티니계뫼ᄯᅩᄒᆞᆫ감동ᄒᆞ
고뉘웃처드듸여ᄌᆞ의ᄒᆞᄂᆞᆫ어미되니라

子路負米 列國 魯

仲由字子路孔子弟子事親至孝家貧食藜藿之食爲親負米於百里之外親歿之後南遊於楚從車百乘積粟萬鍾累茵而坐列鼎而食乃歎曰雖欲食藜藿之食爲親負米不可得也孔子聞之曰由也可謂生事盡力死事盡思者也

詩 家貧藜藿僅能充負米供親困苦中當日孔門稱盡孝仲由千古播高風 一朝列鼎累重茵富貴終能念賤貧生事死思惟盡孝聖門嘉譽屬賢人

즁유의ᄌᆞᄂᆞᆫᄌᆞ뢰니공ᄌᆞ뎨ᄌᆞ라어버이셤기믈

지효로ᄒᆞᆯᄉᆡ집이가난ᄒᆞ야ᄂᆞ믈음식을먹으며
어버이를위ᄒᆞ야ᄇᆡᆨ니밧긔ᄡᆞᆯ을져오더니어버
이죽은후의남으로초나라ᄒᆡ놀ᄉᆡ조ᄎᆞᆫ술위일
ᄇᆡᆨ이오만죵곡식을ᄡᅡᄒᆞ며자리를겹으로안ᄌᆞ
며솟ᄎᆞᆯ버려먹을ᄉᆡ이에탄식ᄒᆞ여ᄀᆞᆯ오ᄃᆡ비록
ᄂᆞ믈을먹으며어버이위ᄒᆞ야ᄡᆞᆯ을지랴ᄒᆞ나가
히엇디못ᄒᆞ리로다ᄒᆞᆫ대공ᄌᆞ드ᄅᆞ시고ᄀᆞᆯ오샤
ᄃᆡᄌᆞ로ᄂᆞᆫ가히날오ᄃᆡ살아셔셤기매힘을다ᄒᆞ
고죽은후셤기매ᄉᆞ모ᄒᆞ믈다ᄒᆞ다ᄒᆞ리로다

皐魚道哭

列國 楚

孔子出行聞有哭聲甚悲至則皐魚也被褐擁劒哭於路左孔子下車而問其故對曰吾少好學周流天下而吾親死夫樹欲靜而風不止子欲養而親不待往而不可返者年也逝而不可追者親也吾於是辭矣立哭而死於是孔子之門人歸養親者一十三人

〔贊〕皐魚銜恤自訟自傷親不待養如何彼蒼泣盡眼枯立死路傍嗟嗟卓行見重素王

공ᄌᆡ나가실시우롬소릐심히슬프믈드ᄅᆞ시고다ᄃᆞ라보시니고어란사ᄅᆞᆷ이라뵈오ᄉᆞᆯ닙고갈을가지고길ᄀᆞ의셔울거ᄂᆞᆯ공ᄌᆡ술위에ᄂᆞ리샤

그연고ᄅᆞᆯ므ᄅᆞ신대ᄃᆡᄒᆞ여ᄀᆞᆯ오ᄃᆡ져머셔혹문을됴화ᄒᆞ여뎐하에두로ᄃᆞᆫ니더니어버이죽은디라므릇남기고요ᄒᆞ고져ᄒᆞ여도ᄇᆞ람이그치디아니ᄒᆞ고ᄌᆞ식이효양ᄒᆞ고져ᄒᆞ여도어버이기ᄃᆞ리디아니ᄒᆞᄂᆞ니가고도라오디아니ᄒᆞᄂᆞᆫ거ᄉᆞᆫᄒᆡ요죽으매ᄯᆞ로디못ᄒᆞ리ᄂᆞᆫ어버이니내여긔셔하직ᄒᆞᄂᆞ이다ᄒᆞ고셔셔우다가죽으니이에공ᄌᆞ뎨ᄌᆞ도라가어버이봉양ᄒᆞᄂᆞᆫ재열세사ᄅᆞᆷ이러라

陳氏養姑
漢

陳孝婦年十六而嫁其夫當戍且行屬曰我生死未可知幸有老母無他兄弟備養吾不還汝肯養吾母乎婦曰諾夫果死不還婦養姑不衰終無嫁意其父母將取而嫁之婦曰夫去時屬妾以養老母妾既許諾養人老母而不能卒許人以諾而不能信將何以立於世欲自殺父母懼而不敢嫁養姑二十八年姑終盡賣田宅葬之號曰孝婦

贊 良人遠征屬我老母身歿不歸言在敢負之死靡他養專葬厚萬世稱之曰陳孝婦

진효부ᄂᆞᆫ한적사ᄅᆞᆷ이니나히십뉵세에셔방마

자그지아비슈자리ᄅᆞᆯ당ᄒᆞ여쟝ᄎᆞᆺ힝ᄒᆞᆯᄉᆡ당부
ᄒᆞ여ᄌᆞᆯ오ᄃᆡ내ᄉᆞᄉᆡᆼ을가히아디못ᄒᆞᆯ디라다힝
이노뫼겨시되다ᄅᆞᆫ봉양ᄒᆞᆯ형뎨업ᄉᆞ니내도라
오디못ᄒᆞ여도그ᄃᆡ즐겨내노모ᄅᆞᆯ봉양ᄒᆞᆯ소냐
효뷔ᄌᆞᆯ오ᄃᆡ그리ᄒᆞ리이다지아비과연죽고도
라오디못ᄒᆞ니효뷔싀어미봉양ᄒᆞ기ᄅᆞᆯ게얼니
아니ᄒᆞ여ᄆᆞᄎᆞᆷ내ᄀᆡ가ᄒᆞᆯᄯᅳᆺ이업ᄉᆞ니그부뫼쟝
ᄎᆞᆺᄃᆞ려가ᄀᆡ가ᄒᆞ려ᄒᆞᆫ대효뷔ᄌᆞᆯ오ᄃᆡ지아비갈
제내게노모ᄅᆞᆯ맛디거ᄂᆞᆯ내이믜허락ᄒᆞᆫ디라ᄂᆞᆷ
의노모ᄅᆞᆯ봉양ᄒᆞ다가능히ᄆᆞᆺ디못ᄒᆞ며ᄂᆞᆷ의게

허락ᄒᆞ고능히밋브게못ᄒᆞ면엇디셰샹의셔리
오ᄒᆞ고스ᄉᆞ로죽고져ᄒᆞ니부뫼두려워감히마
가ᄒᆞ디못ᄒᆞ니싀어미ᄅᆞᆯ스믈여ᄃᆞᆲᄒᆡᄅᆞᆯ봉양ᄒᆞ
다가싀어미죽거ᄂᆞᆯ밧과집을다ᄑᆞ라장ᄉᆞ디내
니일홈을효뷔라ᄒᆞ더라

江革巨孝 漢

江革臨淄人少失父遭天下亂負母逃難常采拾以
爲養數遇賊或劫欲將去輒涕泣求哀言有老母辭
氣愿欵有足感動人者賊不忍害或指避兵之方遂
得俱全於難窮貧裸跣行傭以供母便身之物莫不
畢給建武末與母歸鄉里每至歲時縣當案比革以
母老不欲搖動自在轅中挽車不用牛馬鄉里稱曰
江巨孝母終常寢伏冢廬服竟不忍除郡守遣丞掾
釋服元和中詔以穀千斛賜之常以八月長吏存問
致羊酒

詩 至孝由來動鬼神雖逢強暴亦全身到頭母子

俱無恙天地終應福善人 平生行孝動朝廷褒
錫恩隆沐顯榮青史獨稱江巨孝古今誰復可齊
名

贊 江革負母逃難異鄉遇賊陳欵賊不忍傷盡心
於孝備養於傭便身何物有不畢供

강혁은한나라님치사ᄅᆞᆷ이니어려서아비를일
코란리를만나어미를업고피란ᄒᆞ여미양ᄂᆞ믈
을키고드른거ᄉᆞᆯ주어공양ᄒᆞᆯ식ᄌᆞ로도적을만
나혹겁박ᄒᆞ여잡아가려ᄒᆞ면믄득울며비되노
뫼이셔라ᄒᆞ고말ᄉᆞᆷ이공슌ᄒᆞ고ᄀᆞᆫ절ᄒᆞ야사ᄅᆞᆷ

을감동ᄒᆞ니도적이ᄎᆞ마해티못ᄒᆞ고혹피란ᄒᆞᆯ곳을ᄀᆞ르치니인ᄒᆞ여난리듕에모ᄌᆡ다보젼ᄒᆞᆫ다라가난ᄒᆞ고궁박ᄒᆞ여몸과발을벗고고공이되여어미ᄅᆞᆯ공양ᄒᆞ되어믜몸에편ᄒᆞᆫ거ᄉᆞᆫ아니족ᄒᆞᆫ거시업ᄉᆞᆫ디라건무(한광무대년호라)말에어미로더브러고향에도라와ᄆᆡ양세시에관가의셔ᄇᆡᆨ셩졈고ᄒᆞᆯ시혁이어미늙으므로요동티아니케ᄒᆞ여ᄉᆞᆫ조ᄉᆞᆯ위ᄅᆞᆯ미러마쇼의게메오디아니ᄒᆞ니향리사ᄅᆞᆷ이일ᄏᆞᄅᆞᄃᆡ강거효(거효는큰효라)라ᄒᆞ더니어미죽으매ᄆᆡ양무덤겻ᄒᆡ녀막ᄒᆞ고거상을ᄆᆞᄎᆞ

되상복을ᄎᆞ마벗디못ᄒᆞ니군쉬승연(군슈아ᄅᆡ벼ᄉᆞᆯ이라)을
보내여상복을벗겻더니원화(한쟝뎨ᄃᆡ년호라)듕에됴셔
ᄒᆞ샤곡식쳔셕을주시고ᄆᆡ양팔월의댱니(원이라)
로존문ᄒᆞ고양과ᄉᆞᆯ을주라ᄒᆞ시다

五倫行實圖
薛包洒掃 漢

薛包汝南人父娶後妻憎包分出之包日夜號泣不去至被毆扑不得已廬于舍外早入洒掃父怒又逐之乃廬于里門晨昏不廢積歲餘父母慚而還之父母亡弟求分財異居包不能止奴婢引老者曰與我共事久若不能使也田廬取荒頓者曰少時所治意所戀也器物取朽敗者曰素所服食身口所安也弟數破其產輒復賑給安帝徵拜侍中

〔詩〕不得親心涕泗濡晨昏洒掃守門閭積誠感得親顏悅父子和諧遂厥初　中分財產讓田廬孝義能全世罕如自是佳名聞闕下侍中有命召公

車

贊 父兮憎兒多因繼室兒若至誠將悔其失包也被毆未忍遠出慚而還之終始如一

셜포ᄂᆞᆫ한나라여남사ᄅᆞᆷ이니아비후쳐ᄅᆞᆯ쥐ᄒᆞ매포ᄅᆞᆯ믜워ᄒᆞ여내티거ᄂᆞᆯ쬐밤낫으로브르지져울며가디아니ᄒᆞ더니매맛기에니ᄅᆞ러ᄂᆞᆫ마디못ᄒᆞ여집밧긔막을의지ᄒᆞ고이셔일즉이드러와ᄡᅳ레딜ᄒᆞᆫ대아비노ᄒᆞ여ᄯᅩ구츅ᄒᆞ거ᄂᆞᆯ니문에막을의지ᄒᆞ고신혼(부모긔 됴셕으로뵈ᄂᆞᆫ녜라)을폐티아니ᄒᆞ여효ᄒᆡ남즉이되니부뫼븟그러워도로ᄃᆞ려오니라부뫼죽으매아이ᄌᆡ믈을ᄂᆞᆫ화각각살기ᄅᆞᆯ구ᄒᆞ거ᄂᆞᆯ말니디못ᄒᆞ여노비ᄂᆞᆫ늙은거ᄉᆞᆯ잡아ᄀᆞᆯ오ᄃᆡ날로더브러ᄒᆞᆫ가지로일ᄒᆞ연디오래니너ᄂᆞᆫ능히브리디못ᄒᆞ리라ᄒᆞ고밧과집은거ᄎᆞᆫ거ᄉᆞᆯ가지며ᄀᆞᆯ오ᄃᆡ내져머실새다ᄉᆞ리던배라ᄆᆞ옴에권련ᄒᆞ노라ᄒᆞ고긔믈은석고샹ᄒᆞᆫ거ᄉᆞᆯ가지며ᄀᆞᆯ오ᄃᆡ내본ᄃᆡ쓰고먹던거시라몸과입의편ᄒᆞᆫ배라ᄒᆞ고아이ᄌᆞ조가산을파ᄒᆞ매믄득다시니워주더라안황뎨블러시듕벼ᄉᆞᆯᄒᆞ이시다

孝娥抱屍
漢

孝女曹娥者會稽人父盱爲巫祝漢安二年五月五日於縣江泝濤迎婆娑神値江水大發而遂溺死不得其屍娥年十四乃沿江號哭晝夜不絶聲旬有七日遂投江而死抱父屍而出後吏民改葬樹碑焉

〔贊〕孝娥姓曹父溺驚濤娥年十四晝夜哀號聲不暫停旬又七日投江抱屍經宿以出誠貫穹壤淚溢滄浪黃絹妙筆萬世流芳

효녀조아ᄂᆞᆫ한나라회계사ᄅᆞᆷ이니아비무당이되여오월오일에강마의셔파ᄉᆞ신(믈신령이라)을마즐셔마츰강믈이턍일ᄒᆞ여ᄲᅡ져죽어그죽엄을엇

더못ᄒᆞ니이새에조아의나히십ᄉᆞ세라강ᄆᆞ으
로든니며브르지져울어밤낫으로소릐롤굿치
더아니ᄒᆞ더니열니레만의믈의새져죽어아비
죽엄을안고믈우희ᄯᅳ니후에아젼과빅셩이고
쳐장ᄉᆞᄒᆞ고비롤세오다

五倫行實圖 卷一 孝子 十四

黃香江夏人年九歲失母思慕憔悴殆不免喪鄕人稱其孝獨養其父躬執勤苦夏則扇枕席冬則以身温被太守劉護表而異之自是名聞於世後官累遷至尙書令至子瓊及孫皆貴顯

詩 黃香行孝自髫年扇枕温衾世共傳寒暑不令親體受誠心一念出天然 江夏黃童志異常當時已道世無雙累官直至尙書令孝感能令後嗣昌

황향은한나라강하사ᄅᆞᆷ이니나히구세에어미ᄅᆞᆯ일코ᄉᆞ모ᄒᆞ고쵸췌ᄒᆞ여거의죽게되니향니사ᄅᆞᆷ이그효셩을일ᄏᆞᆺ더라홀로그아비ᄅᆞᆯ봉양ᄒᆞᆯᄉᆡ몸소근고ᄒᆞ믈잡아여ᄅᆞᆷ이면벼개와자리에부치딜ᄒᆞ고겨올이면몸으로ᄡᅥ니블을ᄃᆞᄉᆞᄒᆞ게ᄒᆞ니태쉬나라희주문ᄒᆞ여일로브터셰샹에일홈난디라후에벼ᄉᆞᆯ이여러번올마샹셔령에니ᄅᆞ고아ᄃᆞᆯ과손지다귀히되니라

五倫行實圖
丁蘭刻木
漢

丁蘭河內人少喪考妣不及供養乃刻木爲親形像事之如生朝夕定省後鄰人張叔妻從蘭妻有所借蘭妻跪拜木像木像不悅不以借之張叔醉罵木像以杖敲其頭蘭還見之奮劒殺張叔吏捕蘭蘭辭木像去木像見蘭爲之垂淚郡縣嘉其至孝通於神明奏之詔圖其形像

〔詩〕刻木爲親出至情晨昏定省似平生恍然容色能相接感應由來在一誠　孝思精徹杳冥間木像能爲戚戚顔當代圖形旌至行誰人不道漢丁蘭

(贊) 哀哀丁蘭早喪慈顏衆人皆有我獨無母刻木肖形事之猶生晨昏定省以盡誠敬噫彼世人不有其親生不能養能不泚顙

뎡난은한나라하ᄂᆡ사ᄅᆞᆷ이니일즉부모ᄅᆞᆯ일허미처공양ᄒᆞ디못ᄒᆞ니이에남글사겨어버이얼골을만ᄃᆞ라셤기기ᄅᆞᆯ싱시ᄀᆞᆺ티ᄒᆞ여됴셕의뎡셩(부모긔뵈옵ᄂᆞᆫ녜라)ᄒᆞ더니후에니웃사ᄅᆞᆷ쟝슉의쳬난의쳐ᄃᆞ려빌리라ᄒᆞᄂᆞᆫ배잇거ᄂᆞᆯ난의쳬샤려목샹긔절ᄒᆞ여고ᄒᆞᆫ대목샹이깃거아니ᄒᆞ거ᄂᆞᆯ빌리디아니ᄒᆞ엿더니쟝슉이대취ᄒᆞ여목샹을ᄭᅮ짓

고막대로그마리룰티거늘난이도라와듯고갈
을쌔혀장숙을죽이니관가의셔난을잡아갈시
난이목샹을하직ᄒᆞᆫ대목샹이난을보고눈믈을
드리으니균현이그지극ᄒᆞᆫ효셩이신명에통ᄒᆞ
믈아름다이너겨나라희주문ᄒᆞ니됴셔ᄒᆞ샤그
얼골을그려올니라ᄒᆞ시다

董永貸錢
漢

董永千乘人父亡無以葬乃從人貸錢一萬曰後若無錢還當以身作奴葬畢將往爲奴於路忽逢一婦人求爲妻永曰今貧若是身復爲奴何敢屈夫人爲妻婦人曰願爲君婦不耻貧賤永遂將婦人至錢主問永妻曰何能妻曰能織主曰織絹三百匹卽放於是一月之內三百匹絹足主驚遂放二人而去行至舊相逢處謂永曰我天之織女感君至孝天使我爲君償債語訖騰空而去

〔詩〕得錢一萬葬其親身擬爲傭報主人豈料孝心終感格天敎織女助身貧　孝念終能感上天爲

敎織女助還錢一月足縑三百匹飄然分手上雲
煙

〔贊〕孌孌孝子千乘董氏傭力以養債身以葬路逢
美婦爲妻償負日織縑帛一月三百償畢告語我
乃織女天遣償汝乘雲而去

동영은한나라쳔승사ᄅᆞᆷ이니아비죽으매장ᄉᆞ
ᄒᆞᆯ길히업서사ᄅᆞᆷ의게돈일만을ᄭᅮ고ᄀᆞᆯ오ᄃᆡ후
의만일돈을갑디못ᄒᆞ면맛당이몸으로ᄡᅥ죵이
되리라ᄒᆞ엿더니장ᄉᆞᄅᆞᆯᄆᆞᄎᆞ매쟝ᄎᆞᆺ가셔죵이
되려ᄒᆞᆯ시길희셔ᄒᆞᆯ연이ᄒᆞᆫ부인을만나니원ᄒᆞ

여쳬되여디라ᄒᆞ거ᄂᆞᆯ영이ᄀᆞᆯ오ᄃᆡ이제가난ᄒᆞ
미이러ᄐᆞᆺᄒᆞ고몸이ᄯᅩᄒᆞᆫ죵이되여시니엇디감
히그ᄃᆡᄅᆞᆯ굴ᄒᆞ여쳐ᄅᆞᆯ삼으리오부인이ᄀᆞᆯ오ᄃᆡ
그ᄃᆡ지어미되믈원ᄒᆞ고빈쳔ᄒᆞ믄븟그려아니
ᄒᆞ리라영이드ᄃᆡ여부인을ᄃᆞ리고가니돈님재
영의쳐ᄃᆞ려무러ᄀᆞᆯ오ᄃᆡ므ᄉᆞᆷᄌᆡ죄잇ᄂᆞ뇨쳬ᄀᆞᆯ
오ᄃᆡ뵈ᄧᆞ기ᄅᆞᆯ능히ᄒᆞᄂᆞ이다돈님재ᄀᆞᆯ오ᄃᆡ깁
삼ᄇᆡᆨ필을ᄧᆞ면즉시노흐리라ᄒᆞ거ᄂᆞᆯ이에ᄒᆞᆫᄃᆞᆯ
ᄂᆡ에삼ᄇᆡᆨ필깁을ᄧᆞᄂᆞᆫ디라돈님재놀나두사ᄅᆞᆷ
을노하보내니힝ᄒᆞ여녜서로만나던곳에니ᄅᆞ

러영ᄃᆞ려닐려ᄀᆞᆯ오ᄃᆡ나ᄂᆞᆫ하ᄂᆞᆯ직녜라하ᄂᆞᆯ이
그ᄃᆡ지효ᄅᆞᆯ감동ᄒᆞ샤날로ᄒᆞ여곰그ᄃᆡᄅᆞᆯ위ᄒᆞ
여빗을갑게ᄒᆞ시니라ᄒᆞ고말이ᄆᆞᄎᆞ매공듕으
로올나가더라

王裒廢詩 三國魏

五倫行實圖 卷一 孝子 二十一

王裒城陽人父儀爲魏安東將軍司馬昭司馬東關之敗昭問曰誰任其咎儀對曰責在元帥昭怒曰欲委罪於孤邪引出斬之裒痛父非命隱居教授三徵七辟皆不就終身未嘗西向而坐以示不臣於晉廬於墓側朝夕常至墓所拜跽攀栢悲號涕淚著樹樹爲之枯母性畏雷母歿每雷輒到墓曰裒在此讀詩至哀哀父母生我劬勞未嘗不三復流涕門人受業者並廢蓼莪篇

〔詩〕王裒爲孝自來無淚灑泉臺栢盡枯父死獨傷非正命終身不仕只閒居 怕聽雷聲母性然每

因雷動繞墳前蓼莪未誦先流涕遂使門人廢此篇

〔贊〕偉元喪父不應徵辟朝夕悲號淚灑墓栢每讀蓼莪三復涕洟門人不忍遂廢此詩

왕부ᄂᆞᆫ위나라셩양사ᄅᆞᆷ이니아븨일홈은의라의안동쟝군ᄉᆞ마쇼의막해되엿더니동관ᄡᅡ홈에패ᄒᆞ매쇠무러ᄌᆞᆯ오ᄃᆡ뉘그죄ᄅᆞᆯ당ᄒᆞᆯ고ᄒᆞᆫ대의ᄃᆡᄒᆞ여ᄌᆞᆯ오ᄃᆡ칙망이웃듬댱슈의잇ᄂᆞ니라쇠노ᄒᆞ여ᄌᆞᆯ오ᄃᆡ패ᄒᆞᆫ죄ᄅᆞᆯ내게미루고져ᄒᆞᄂᆞᆫ다ᄒᆞ고잡아내여버히니뷔아비비명에죽으

믈셜워ᄒᆞ여숨어이셔글ᄆᆞᄅᆞ치더니됴뎡의셔
여러번브르시되나디아니ᄒᆞ고죵신토록셔향
ᄒᆞ여안ᄩᅧ아니ᄒᆞ여던나라에신복디아니ᄒᆞ논
ᄠᅳᆺ을뵈고무덤겻ᄒᆡ녀막ᄒᆞ여됴셕으로무덤의
니ᄅᆞ러비례ᄒᆞ며잣남글밧들고슬피브르지져
눈믈이남긔브드치니남기ᄆᆞ르더라어미셩품
이우레ᄅᆞᆯ무셔워ᄒᆞ더니어미죽으매ᄆᆡ양우레
ᄒᆞ면믄득무덤의니ᄅᆞ러골오ᄃᆡ뷔여긔잇ᄂᆞ이
다ᄒᆞ더라시ᄅᆞᆯ닑을시의의부모여날나키ᄅᆞᆯ슈
고로이ᄒᆞ샷다ᄒᆞᄂᆞᆫᄃᆡ니ᄅᆞ러ᄂᆞᆫ여러번다시외

와눈믈아니흘릴적이업ᄉᆞ니문하의글비호ᄂᆞᆫ
사ᄅᆞᆷ이뉵아편을폐ᄒᆞ고녈디아니ᄒᆞ더라

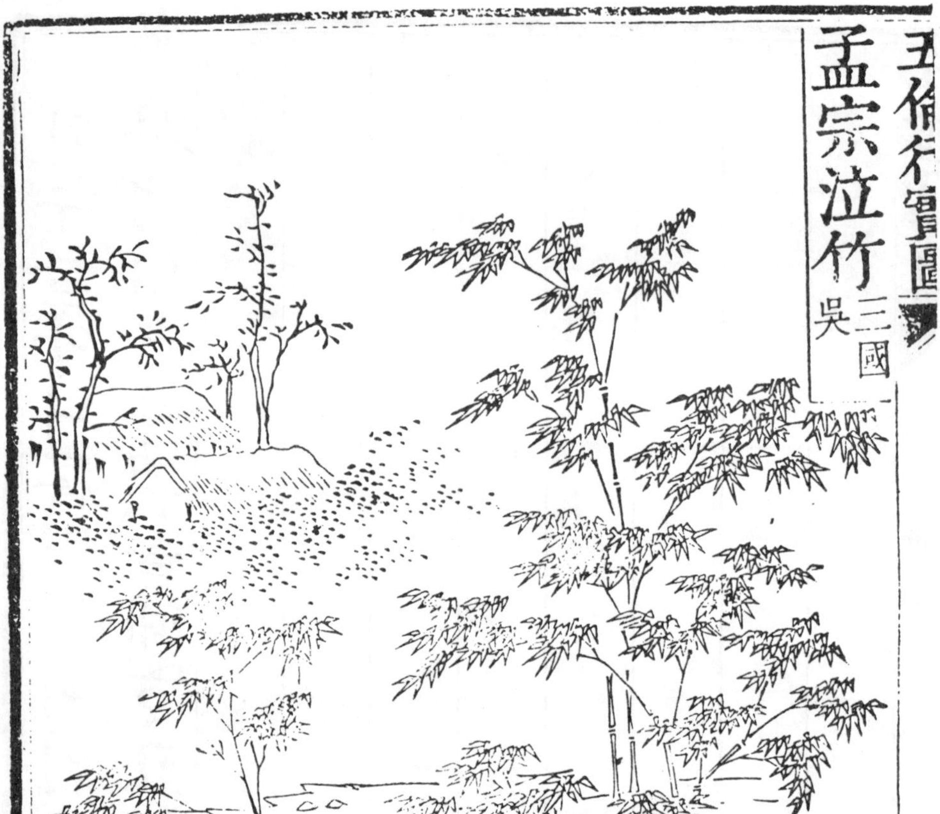
五倫行實圖
子孟宗泣竹
三國 吳

孟宗江夏人性至孝母年老病篤冬節將至思筍食時地凍無筍宗入竹林哀泣有頃地上出筍數莖持歸作羹供母食畢病愈人皆以爲至孝所感

詩 孝行當年說孟宗慈親思筍逼寒冬竹林灑淚哀號處數筍須臾出地中　母因食筍病全蘇天理昭昭信不誣惟以此心存孝念幽冥自有鬼神扶

贊 昔有賢士孟姓宗名冬寒母病思啜筍羹號天繞竹泣涕縱橫龍雛包籜雪裏羅生採歸供膳疾乃瘳平精誠旣切感應孔明

밍종은오나라강하사ᄅᆞᆷ이니효힝이지극ᄒᆞᆫ디
라어믜나히늙고병이듕ᄒᆞ여겨울에듁슌을먹
고져ᄒᆞ되ᄯᅡ히어러듁슌이업ᄂᆞᆫ디라종이대수
풀의드러가슬피우니이윽ᄒᆞ여ᄯᅡ우희듁슌두
어줄기나거ᄂᆞᆯ가지고도라와국을ᄆᆡᆫᄃᆞ라어믜
게드린대먹기ᄅᆞᆯ다ᄒᆞ매병이나으니사ᄅᆞᆷ이다
닐오ᄃᆡ지극ᄒᆞᆫ효셩의감동ᄒᆞᆫ배라ᄒᆞ더라

王祥剖冰
晉

王祥琅琊人蚤喪母繼母朱氏不慈數譖之由是失愛於父每使掃除牛下祥愈恭謹父母有疾衣不解帶湯藥必親嘗母嘗欲生魚時天寒冰凍祥解衣將剖冰求之冰忽自解雙鯉躍出母又思黃雀炙復有黃雀數十飛入其幕有丹柰結實母命守之每風雨輒抱樹而泣母歿居喪毀瘁杖而後起後仕於朝官至三公

詩 王祥誠孝眞堪羡承順親顏志不回不獨剖冰雙鯉出還看黃雀自飛來 鄉里驚嗟孝感深皇天報應表純心白頭重作三公貴行誼尤爲世所

欽

贊 晉有王祥生魚母嗜天寒川凍網釣難致解衣臥冰自躍雙鯉懇懇孝誠奚止此耳抱柰夜號羅雀朝饋後拜三公名標青史

왕샹은딘나라낭야사람이니일즉어미를여희고계모쥬시ᄉ랑티아니ᄒ여ᄌ로참소ᄒ니일로말미암아아븨게ᄉ랑을일허미양마구를츠라ᄒ되샹이더옥공슌ᄒ더라부뫼병이이시매오시ᄯᅴ를그ᄅᆞ디아니ᄒ고탕약을밧드러친히맛보고어미산고기를먹고져ᄒ되날이치워믈

이어럿ᄂᆞᆫ디라샹이오ᄉᆞᆯ벗고쟝ᄎᆞᆺ어름을새쳐
고기를잡으려ᄒᆞ더니어름이홀연스ᄉᆞ로프러
디며니어둘이ᄯᅱ여나더라어미ᄯᅩ누른새져을
먹고져ᄒᆞ니누른새수십이그집으로ᄂᆞ라드러
오고어미샹으로ᄒᆞ여곰실과남글닥희라ᄒᆞ니
ᄆᆡ양ᄇᆞ람블고비오면샹이남글안고우더라어
미죽어거상홀시의훼ᄒᆞ야병들고여외여막대
를집흔후에니러나더라후에벼ᄉᆞᆯᄒᆞ여삼공에
니르니라

許孜埋獸

晉

許孜東陽人年二十師事豫章太守孔沖受學還鄉里沖亡孜制服三年俄而二親歿柴毁骨立杖而能起建墓於縣之東山躬自負土不受鄉人之助每一悲號鳥獸翔集孜獨守墓所列植松栢亙五六里有鹿犯所種松孜悲歎曰鹿獨不念我乎明日鹿爲猛獸所殺致於所犯松下孜悵惋不已爲埋隧側自後樹木滋茂孜乃立宅墓次事亡如存邑人號其居爲孝順里

〔詩〕孝事雙親義事師此心應只有天知辛勤營墓頻哀慟鳥獸徊翔亦愴悲　墓前松栢已蒼蒼鹿

本無知遂觸傷一日戕生依樹下鬼神應使孝心彰

(贊)許孜孝恭好學有立及喪其親柴毁而泣負土東山鳥獸翔集人之見之能不烏邑

허ᄌᆞᆫᄂᆞᆫ딘나라동양사ᄅᆞᆷ이니나히이십에예장태슈공츙을스승ᄒᆞ야비호다가향니에도라왓더니츙이죽으매삼년을거상ᄒᆞ고이윽고부뫼다죽으니의훼ᄒᆞ여ᄲᅧ드러나막대ᄅᆞᆯ잡고야능히니러나고무덤을경영ᄒᆞᆯ시몸소흙을지고ᄂᆞᄆᆞᆯ사ᄅᆞᆷ의돕ᄂᆞᆫ거ᄉᆞᆯ밧디아니ᄒᆞ더라미양슬피

브르지디면새즘싱이ᄂᆞ라와못고져홀로무덤
을ᄃᆞ희여숑ᄇᆡᆨ을버려심거오륙리의새쳐더니
사ᄉᆞᆷ이심근솔을샹ᄒᆞ이거ᄂᆞᆯ지ᄌᆞ슬피탄식ᄒᆞ여
ᄀᆞᆯ오ᄃᆡ사ᄉᆞᆷ은홀로날을념녀티아니ᄒᆞᄂᆞᆫ다잇
틋ᄂᆞᆯ사ᄉᆞᆷ이범의죽인배되여그솔아래두엇거
ᄂᆞᆯ지ᄌᆞ창연ᄒᆞ고슬퍼ᄒᆞ기ᄅᆞᆯ마디아니ᄒᆞ여무덤
길겻희무드니그후로남기점점셩ᄒᆞᄂᆞᆫ디라지
무덤아래집을짓고죽은어버이셤기기ᄅᆞᆯ사니
ᄀᆞᆺ티ᄒᆞ니고을사ᄅᆞᆷ이그사ᄂᆞᆫᄃᆡᄅᆞᆯ일ᄏᆞ르ᄃᆡ효
슌리라ᄒᆞ더라

五倫行實圖 卷一 孝子 二十八

王延西河人九歲喪母泣血三年幾至滅性每至忌日則悲啼至旬繼母卜氏遇之無道恒以蒲穰及敗麻頭與延貯衣延知而不言事母彌謹卜氏嘗盛冬思生魚使延求而不獲杖之流血延尋汾叩凌而哭忽有一魚長五尺踊出冰上取以進母食之積日不盡於是心悟撫延如己生延事親色養夏則扇枕席冬則以身温被隆冬盛寒身無全衣而親極滋味父母終廬於墓側

〔詩〕孝道能敦在稚年良心一點出天然三年泣血應堪憫忌月悲啼更可憐 繼母相看性不慈心

存孝敬未曾衰汾濱哀哭魚隨躍此意皇天后土知

왕연은딘나라셔하사ᄅᆞᆷ이니구세에어미ᄅᆞᆯ여희고삼년을피눈믈을흘려거의죽기의니ᄅᆞ고ᄆᆡ양제날에다ᄃᆞᄅᆞ면슬피울기ᄅᆞᆯ열흘에니ᄅᆞ더라계모복시무도히ᄃᆡ졉ᄒᆞ여ᄆᆡ양부들품과ᄡᅳᆨ괴삼머리로연의오ᄉᆡ두어주니연이알오ᄃᆡ말을아니ᄒᆞ고어미셤기기ᄅᆞᆯ더옥공근ᄒᆞ더라복시일즉깁흔겨올에산고기ᄅᆞᆯ먹고져ᄒᆞ여연으로ᄒᆞ여곰구ᄒᆞ여엇디못ᄒᆞ니텨셔피흐르ᄂᆞᆫ

디라연이믈에가어ᄅᆞᆷ을두ᄃᆞ리며우니홀연ᄒᆞᆫ
고기길히다ᄉᆞᆺ자히나ᄒᆞ여어ᄅᆞᆷ우희ᄯᅱ여나거
ᄂᆞᆯ가져다가드리니어미여러날을먹으되진티
아니ᄒᆞᆫ디라이에ᄆᆞᄋᆞᆷ에ᄡᅴᄃᆞ라연을ᄉᆞ랑호
믈긔ᄎᆞᆯᄀᆞᆺ티ᄒᆞ더라연이어버이를지셩으로셤
겨여ᄅᆞᆷ이면벼개와자리에부ᄎᆡ딜ᄒᆞ며겨울이
면몸으로ᄡᅥ니블을ᄃᆞᄉᆞᄒᆞ게ᄒᆞ고늉동셩한에
몸에눈셩ᄒᆞᆫ오시업ᄉᆞ되어버이는맛됴흔음식
이극ᄒᆞ고부뫼죽으매무덤겻ᄒᆡ녀막ᄒᆞ니라

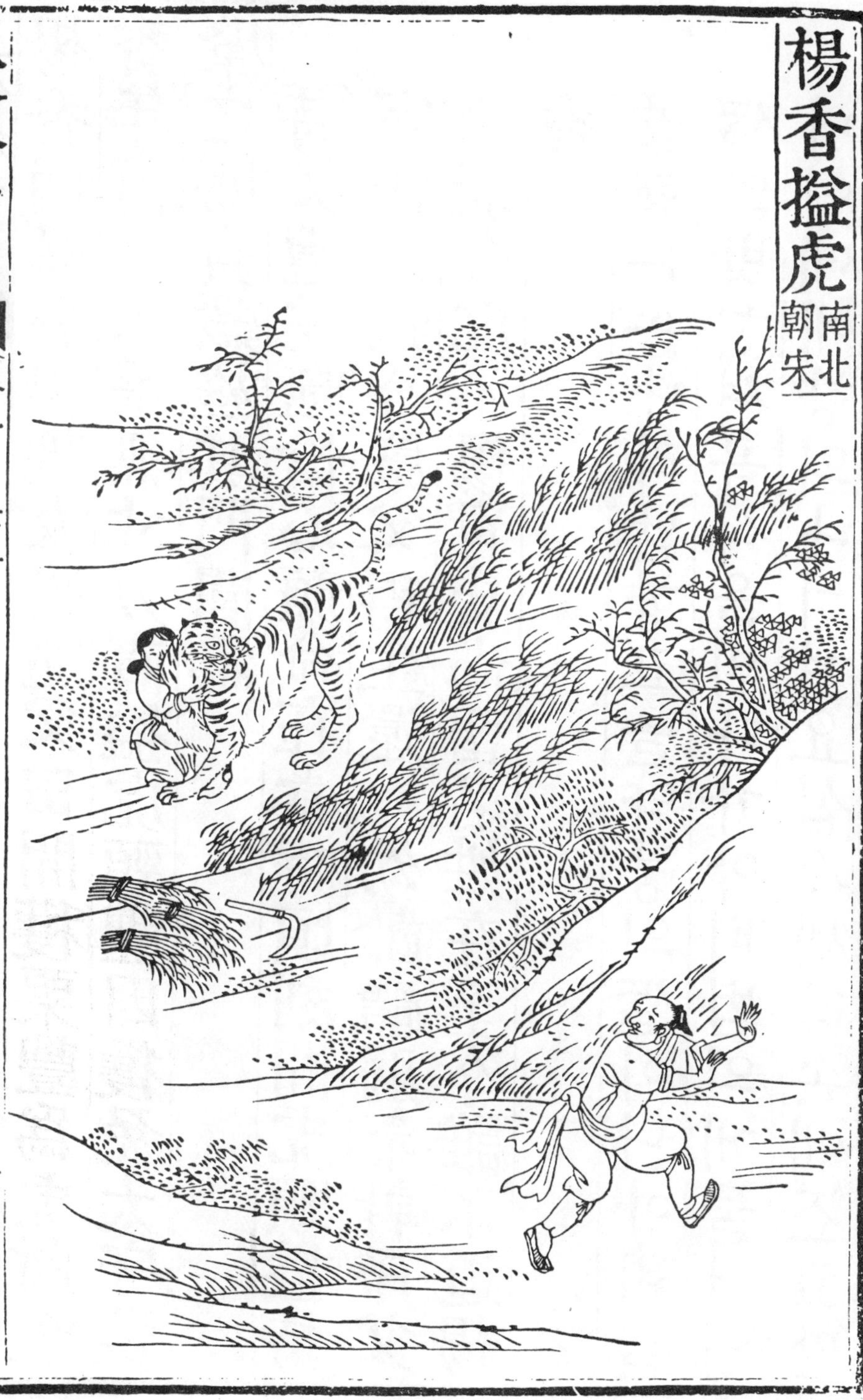

楊香搤虎 南北朝宋

楊香南鄕縣楊豐女也隨父田間穫粟豐爲虎所噬香年甫十四手無寸刃直搤虎頸豐因獲免太守孟肇之賜資穀旌其門閭焉

〔詩〕父遭虎噬愴心顏命在當時頃刻間虎頸搤持寧顧死致令嚴父得生還　幼齡體弱氣軒昂父命能令虎不傷靑史尙留名姓在至今誰不道楊香

양향은송나라남향고을양풍의ᄯᆞᆯ이니아비ᄅᆞᆯᄯᆞᆯ와밧ᄒᆡ셔곡식을뷔다가아비범의게물니이니이새에향의나ᄒᆡ겨요십ᄉᆞ세라손에죠고만

ᄂᆞᆯ이업ᄉᆞ니바로범의게ᄃᆞ라드려목올ᄌᆞ르쥔
대범이노하ᄇᆞ리니아비사라난디라원이듯고
ᄌᆡ믈과곡식을주고졍문ᄒᆞ니라

潘綜救父
南北朝宋

潘綜吳興人孫恩之亂妖黨攻破村邑綜與父驃共走避賊驃年老行遲賊轉逼驃驃語綜曰我不能去汝走可脫幸勿俱死驃困乏坐地綜迎賊叩頭曰父年老乞賜生命賊至驃亦請曰兒年少能走爲我不去我不惜死乞活此兒賊因斫驃綜抱父於腹下賊斫綜頭面凡四創綜已悶絕有一賊來語衆曰此兒以死救父殺孝子不祥賊乃止父子並得免元嘉四年有司奏改其里爲純孝蠲租布三世

詩 避難何堪喪亂餘干戈擾擾遍村墟不逢旁寇能開釋父子當時死盜區 亂離重遇太平年三

世公租已盡鐲閭道吳興存舊業里名純孝至今

傳

반종은송나라오홍사ᄅᆞᆷ이니손은(도적의일홈이라)의난
에적당이고을을텨파ᄒᆞ니종이아비표ᄅᆞᆯ드리
고ᄒᆞᆫ가지로ᄃᆞ라나도적을피ᄒᆞᆯ시표의나히늙
어힝뵈더듸니도적이졈졈표ᄅᆞᆯ핍박ᄒᆞᆫ대푀종
ᄃᆞ려닐오ᄃᆡ나ᄂᆞᆫ능히가디못ᄒᆞ거니와너ᄂᆞᆫᄃᆞ
르면가히버서날디라다힝이다죽디말올디니
라푀곤핍ᄒᆞ여ᄯᅡ히안ᄌᆞ니종이도적을마자마
리ᄅᆞᆯ조아ᄀᆞᆯ오ᄃᆡ아비나히늙으니빌건대살리

쇼셔도적이다ᄃᆞ르니퍼ᄯᅩ효청ᄒᆞ여골오ᄃᆡ아
ᄒᆡ나히졈어능히ᄃᆞ롤거시로ᄃᆡ날을위ᄒᆞ여가
디아니ᄒᆞ니나ᄂᆞᆫ죽기롤앗기디아니ᄒᆞᄂᆞ니빌
건대이아ᄒᆡ롤살리라도적이인ᄒᆞ여표롤셕으
니종이아비롤안고업ᄃᆡᆫ대도적이종의마리와
ᄂᆞᆺ출셕어네곳이샹ᄒᆞ여긔절ᄒᆞ엿더니효도적
이와셔모든도적ᄃᆞ려닐오ᄃᆡ이아ᄒᆡ죽기로뻐
아비롤구ᄒᆞ니효ᄌᆞ롤죽이면샹셔롭디아니니
라도적이이에감동ᄒᆞ여노흐니부지다죽기롤
면ᄒᆞ니라원가(송문례대년호라)ᄉᆞ년에유셔주문ᄒᆞ여그

ᄆᆞ을일홈을고쳐슌효촌이라ᄒᆞ고삼ᄃᆡ를복호
ᄒᆞ다

黔婁嘗糞

南北朝 南齊

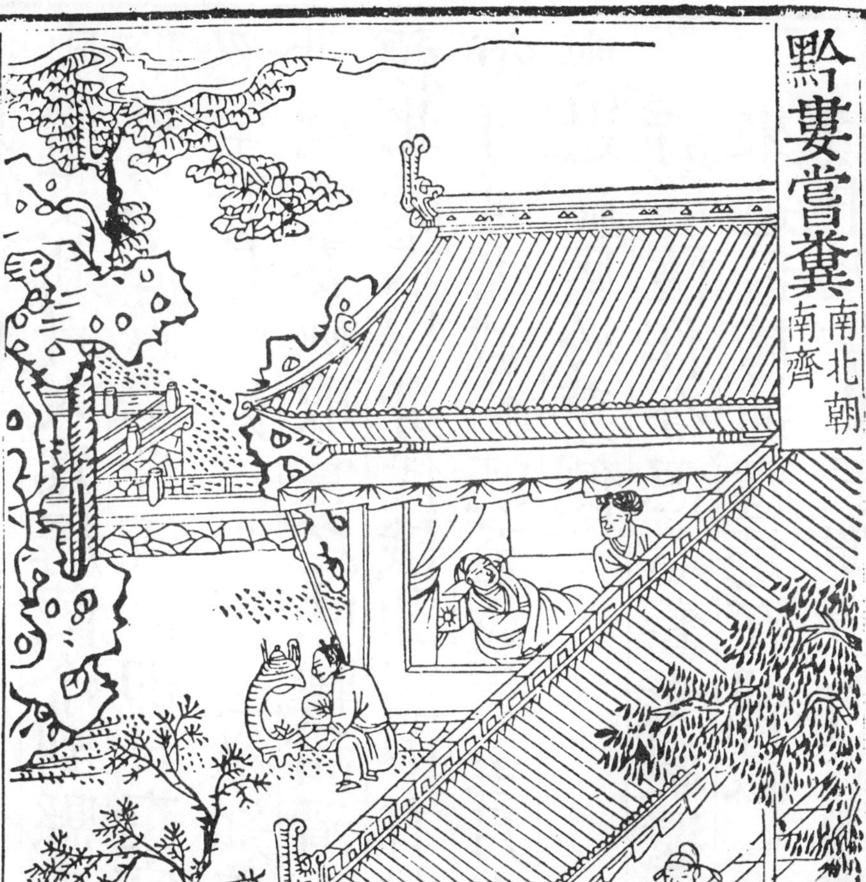

五倫行實圖 卷一 孝子 三十四

庾黔婁新野人爲孱陵令到縣未旬父易在家遘疾黔婁忽心驚擧身流汗卽日棄官還家家人悉驚其忽至時易疾始二日醫云欲知差劇但嘗糞甜苦易泄痢黔婁輒取嘗之味轉甜滑心愈憂苦至夕每稽顙北辰求以身代俄聞空中有聲曰尊君壽命盡不復可延汝誠禱旣至故得至月末晦而易亡黔婁居喪過禮廬於墓側

詩 孱陵作令忽心驚棄職還家父疾嬰消息何曾來遠道感通應是在純誠　願將身殞代嚴親稽顙中天禱北辰便覺有聲傳報應從來孝念感神

人

贊在家父病庾令驚汗棄官忽歸人恠且歎嘗糞而甜不暇自愛稽顙北辰乞身以代

유검누ᄂᆞᆫ제나라신야사ᄅᆞᆷ이니잔릉녕을ᄒᆞ여고을에니ᄅᆞ런디열흘이못ᄒᆞ여셔아비집의셔병드럿더니검뉘홀연ᄆᆞᄋᆞᆷ이놀나와온몸의ᄯᆞᆷ이흐르거ᄂᆞᆯ즉일에벼ᄉᆞᆯ을ᄇᆞ리고집의도라오니집사ᄅᆞᆷ이다홀연이니ᄅᆞ믈놀나더라이ᄯᆡ에아비병드런디비로소이틀이라의원이닐오ᄃᆡ병의경듕을알고져ᄒᆞ거든그ᄯᅩᆼ이ᄃᆞᆯ고ᄡᅳ믈맛

보라아비리변을보거ᄂᆞᆯ검뉘맛보니졈졈ᄃᆞᆯ고
활ᄒᆞᆫ디라ᄆᆞ옴에더옥근심ᄒᆞ여밤이면미양북
신북두셩이라에마리조아몸으로ᄃᆡ신호믈원ᄒᆞ니이
윽ᄒᆞ여공듕으로셔웨여닐오ᄃᆡ존군의슈명이
진ᄒᆞ여다시버더가디못ᄒᆞᆯ거시로ᄃᆡ네졍셩으
로빌미지극ᄒᆞᆫ고로이ᄃᆞᆯᄉᆞ디ᄂᆞᆫ살리라ᄒᆞ더니
금음이되매아비죽으니검뉘거상ᄒᆞ기를녜에
넘게ᄒᆞ고무덤겻ᄒᆡ녀막ᄒᆞ니라

叔謙訪藥

南北朝 南齊

解叔謙鴈門人母有疾叔謙夜於庭中稽顙祈福聞
空中語云此病得丁公藤爲酒便差卽訪醫及本草
皆無識者乃求訪至宜都郡遙見山中一老公伐木
問其所用答曰此丁公藤療風尤驗叔謙便拜伏流
涕具言來意老公愴然以四段與之幷示以漬酒法
叔謙受之顧視此人已忽不見依法爲酒母病卽差

(詩)母疾求醫日夜憂仰天稽顙苦祈求神明時感
誠心切說與良方治病由　叔謙孝感豈徒然應
有精誠達上天忽得丁公藤漬酒卽令母病頓安
痊

희숑겸은제나라안문사ᄅᆞᆷ이니어미병이이시
매숑겸이밤마다ᄯᅳᆯ가온대마리롤조아병낫기
롤비더니공듕에셔웨여닐오ᄃᆡ이병이뎡공등
(약지라)으로술을비저먹으면나으리라ᄒᆞ거ᄂᆞᆯ의
원ᄃᆞ려뭇고본초(약명긔록ᄒᆞᆫ칙이라)에太조ᄃᆡ다알니업ᄂᆞᆫ
디라두로방문ᄒᆞ여의도라ᄒᆞᄂᆞᆫᄯᅡ희니ᄅᆞ러면
니ᄇᆡ라보니산듕의ᄒᆞᆫ늙은사ᄅᆞᆷ이남글베히거
ᄂᆞᆯ그ᄇᆡᆺ듸롤므른대답ᄒᆞᄃᆡ이ᄂᆞᆫ뎡공등이니풍
병에신효ᄒᆞ니라숑겸이믄득절ᄒᆞ고업듸여눈
믈을흘리며온ᄯᅳᆺ을ᄌᆞ세히니ᄅᆞ니늙은사ᄅᆞᆷ이

감동ᄒᆞ여네줄기롤주며술빗ᄂᆞᆫ법을다ᄀᆞᄅᆞ치
거ᄂᆞᆯ슉겸이밧고도라보니그사ᄅᆞᆷ이홀연간ᄃᆡ
업더라법대로술을빈ᄃᆞ라드리니병이나으니
라

吉翂代父

南北朝梁

吉翂馮翊人父爲原鄉令爲吏所誣逮詣廷尉翂年十五號泣衢路祈請公卿見者隕涕其父理雖清白而恥爲吏訊虛自引咎罪當大辟翂撾登聞鼓乞代父命武帝異之以其童幼疑受敎於人勑廷尉蔡法度脅誘取欵法度盛陳徽纆厲色問曰爾求代父死勑已相許然刀鉅至劇審能死不若有悔異亦相聽許對曰囚雖蒙弱豈不知死可畏不忍見父極刑所以殉身不測翂初見囚獄掾依法桎梏法度命脫二械翂弗聽曰死囚豈可減乎法度以聞帝乃宥其父揚州中正張仄薦翂孝行勑太常旌擧

詩 父爲遭誣陷極刑誓將身代愬中情誰知天鑑
非玄遠父子俱全表孝誠 堪羨兒童有至情哀
號代父感朝廷當年孝行蒙旌擧遂使千秋有令
名
길분은량나라풍익사ᄅᆞᆷ이니아비원향녕을ᄒᆞ
엿더니아젼의무함ᄒᆞᆫ배되여잡히여뎡위(법마튼마을이
라)에나아갈시이새에분의나히십오세라길거
리에우지디여공경의게빌고청ᄒᆞ니보는사ᄅᆞᆷ
이다눈믈을흘리더라그아비비록청빅ᄒᆞ나옥
니와ᄃᆡ변ᄒᆞ믈붓그려ᄒᆞ여스스로죄ᄅᆞᆯ당ᄒᆞ야

죽게되엿ᄂᆞᆫ디라분이등문고ᄅᆞᆯ텨아븨명을ᄃᆡ
신ᄒᆞ여디라ᄒᆞ니텬지긔이히너기되어린아희
라ᄒᆞ여놈의게마ᄅᆞ치믈바든가의심ᄒᆞ여뎡위
채법도ᄅᆞᆯ명ᄒᆞ여저히며달내여듕졍을시험ᄒᆞ
라ᄒᆞ니법되형벌긔구ᄅᆞᆯ셩히베플고ᄂᆞᆺ빗출셕
석이ᄒᆞ여무러ᄀᆞᆯ오ᄃᆡ네아비ᄃᆡ신ᄒᆞ여죽기ᄅᆞᆯ
원ᄒᆞ니이믜명ᄒᆞ샤허ᄒᆞ여시나칼과톱이심히
두려오니혜아리건대능히죽을다만일뉘우ᄎᆞ
미이셔도ᄯᅩᄒᆞᆫ네원대로ᄒᆞ리라분이ᄀᆞᆯ오ᄃᆡ죄
인이비록어리나엇디죽기두려오믈모로리오

마ᄂᆞᆫᄎᆞ마아비극형ᄒᆞᄆᆞᆯ보디못ᄒᆞ여블측ᄒᆞᆫ듸
죽으려ᄒᆞ노라분이처음에갓치이매옥관원이
의법히칼을메오니법되명ᄒᆞ여칼을벗기라ᄒᆞᆫ
대분이듯디아니ᄒᆞ여ᄌᆞᆯ오듸죽을죄인이엇디
칼을버ᄉᆞ리오법되이말노님군긔알외여그아
비ᄅᆞᆯ노핫더니원이분의효힝을쳔거ᄒᆞ여벼ᄉᆞᆯ
ᄒᆞ이니라

五倫行實圖
不害捧屍
南北朝陳

殷不害陳郡人居父憂過禮有弟五人皆幼不害事老母養小弟勤劇無所不至簡文帝賜其母蔡氏錦裙襦氈席被褥魏平江陵失母所在時甚寒雪凍死者塡滿溝壑不害行哭求屍見死人卽投身捧視舉體凍僵水漿不入口者七日始得母屍哭輒氣絕行路流涕蔬食布衣枯槁骨立弟不佞亦至孝方母死時道路隔絕不得奔赴四載之中晝夜號泣居處飲食常爲居喪之禮及母喪柩歸身自負土手植松栢每歲時伏臘必三日不食

詩 百行由來孝最先人心盡孝理當然慈親不幸

塡溝壑七日哀求重可憐 父母劬勞竟莫酬昊
天罔極思悠悠殷家兄弟能行孝萬古揚名永不
休

은불해ᄂᆞᆫ진나라진군사ᄅᆞᆷ이니아비죽으니거
상을녜에넘게ᄒᆞ고아이다ᄉᆞ시이시되다어린
디라불해노모ᄅᆞᆯ셤기며어린아ᄋᆞᆯ양휵ᄒᆞ여근
뢰지극ᄒᆞ니텬ᄌᆞ지긔특이너겨그어미ᄅᆞᆯ비단의
복과침셕을주시다후의병난을만나어미ᄅᆞᆯ일
ᄒᆞ니그새심히칩고눈이빠혀얼어죽ᄂᆞᆫ사ᄅᆞᆷ이
굴헝에마득ᄒᆞᆫ디라불해울고ᄃᆞᆫ니며신톄ᄅᆞᆯ구

ᄒᆞᆯ식죽엄마다븟드러보고슈댱을먹디아니ᄒᆞ
연더니레만의비로소어믜신톄ᄅᆞᆯ엇고통곡ᄒᆞ
여긔절ᄒᆞ니길사ᄅᆞᆷ이다눈믈을흘리고ᄂᆞ믈밥
과뵈오스로몸이여위여ᄲᅢ드러나더라아ᄋᆞ불
령이ᄯᅩᄒᆞᆫ효ᄒᆡᆼ이지극ᄒᆞ여어미죽을새의길히
막히여분상을못ᄒᆞ니네ᄒᆡᄅᆞᆯ듀야로울며거쳐
와음식을상인ᄀᆞ티ᄒᆞ더니어믜상귀도라오매
몸소ᄒᆞᆰ을져뭇고숑ᄇᆡᆨ을심으며세시와복납의
사ᄒᆞᆯ을밥먹디아니ᄒᆞ더라

王崇止雹
南北朝
北魏
五倫行實圖

王崇雍丘人母亡居喪哀毀顇杖而後起鬢髮墮
落廬於殯所晝夜哭泣鳩鴿羣至有一小鳥素質黑
眸形大於雀栖於崇廬朝夕不去母服初闋復丁父
憂悲毀過禮是年夏風雹所經處禽獸暴死草木摧
折至崇田畔風雹便止禾麥十頃竟無損落及過崇
地風雹如初咸稱至行所感崇雖除服仍居墓側室
前生草一根莖葉甚茂人莫能識至冬復有鳥巢崇
屋乳養三子馴而不驚事聞詔旌表門閭

詩 孝道由來動鬼神王崇至行出天眞珍禽繞屋
能馴擾異草當堦別有春　風雹摧殘物盡僵崇

家禾麥豈曾傷自緣孝行通天地賴有靈祗爲顯
彰

왕숭은위나라옹구사ᄅᆞᆷ이니어미죽어거상ᄒᆞᆯ
ᄉᆡᄋᆡ훼ᄒᆞ여몸이ᄆᆞ르니막대ᄅᆞᆯ잡은후의니러
나고귀밋히털이다ᄲᅡ디고빈소에녀막ᄒᆞ여듀
야로곡읍ᄒᆞ니새즘ᄉᆡᆼ이모다니ᄅᆞ고그듕에ᄒᆡᆫ
져근새이셔몸이희고눈이검으며형샹이ᄎᆞᆷ새
에셔ᄂᆞᆫ큰디라숭의녀막의깃드려됴셕의가디
아니ᄒᆞ더니어믜거상을처음으로ᄆᆞᆺ고다시아
븨상ᄉᆞᄅᆞᆯ만나ᄋᆡ훼ᄒᆞ기녜에넘게ᄒᆞ더라이ᄒᆡ

여름에바람블고물의오니디나ᄂᆞᆫ곳의즘성이
죽고초목이것거디되슝의밧히니ᄅᆞ러ᄂᆞᆫ바람
과물의믄득곳처곡식이샹호미업더니슝의밧
출디나며바람과물의도로니러나니사ᄅᆞᆷ이다
닐오ᄃᆡ지극ᄒᆞᆫ효셩의감동ᄒᆞᆫ배라ᄒᆞ더라슝이
거상을ᄆᆞᆺ고인ᄒᆞ여묘측에셔사니집알픠풀ᄒᆞᆫ
펴귀나셔줄기와닙히심히무셩ᄒᆞ니사ᄅᆞᆷ이능
히알니업더니겨울의ᄯᅩ새ᄒᆞ나히집우희깃드
려삿기세흘치니길드려놀나디아니ᄒᆞᄂᆞᆫ디라
나라히드ᄅᆞ시고슝의집에졍문ᄒᆞ시다

孝肅圖像
隋

徐孝肅汲郡人早孤不識父及長問父形貌於其母因求畫工圖之置之廟而定省焉朔望則享之事母數十年家人未見其有忿恚之色及母老疾孝肅親易燥濕憂悴數年見者無不悲悼母終茹蔬飲水盛冬單衰毀瘠骨立祖父母父母墓皆負土成墳廬墓者四十餘年被髮徒跣至於終身

詩 早孤不識父容儀圖像依依問母慈構廟晨昏能定省殷勤祭享似存時　母存愛敬歿悲辛廬墓曾經四十春兩世墳塋躬負土跣行被髮竟終身

셔효슉은슈나라급군사ᄅᆞᆷ이라어려셔아비죽
으니아븨얼골을아디못ᄒᆞ야ᄌᆞ라매그어미ᄃᆞ
려아븨얼골을무러화원의게그려내여ᄉᆞ당에
두어됴셕으로뵈ᄋᆞᆸ고삭망으로제ᄒᆞ며어미셤
견디수십년에집사ᄅᆞᆷ이그셩내ᄂᆞᆫ빗출보디못
ᄒᆞ더니어미늙고병들매효슉이친히ᄆᆞ른ᄃᆡ와
저즌ᄃᆡ롤밧고와누이며수년을근심ᄒᆞ여여외
기심ᄒᆞ니보ᄂᆞᆫ사ᄅᆞᆷ이다슬허ᄒᆞ고어미죽으매
ᄂᆞ믈과믈만먹고깁흔겨울의홋최복을닙고훼
쳑ᄒᆞ여쎼드러나고조부모와부모의무덤을다

흙을져다가일우고무덤겻ᄒᆡ녀막ᄒᆞ여ᄉᆞ십여
년을마리풀고발버서죵신ᄭᆞ디니ᄅᆞ니라

五倫行實圖
盧操順母
隋

盧操河東人九歲通孝經論語事繼母張氏至孝張生三子溺愛之命操常執勤主炊操服勤不倦張遣其子讀書命操策驢隨之操卽執鞭引繩如僮僕三弟嗜酒縱佚抵忤於人致人踵門詬及其母操卽涕泣拜而解之惡少年曰不謂三賊有此令兄相與拜操而去繼母亡操訓養三弟恩愛過於平日服母喪哀毁骨立每夕有狐狸羅列左右將朝乃去後調臨渙縣尉佐政寬仁官舍設几筵以祀父母出告反面過其庭鞠躬如也每朝讀孝經一遍然後視事讀至喪親章輒號咽不勝

[詩]殷勤行孝順親心委曲應知敬愛深執爨驅驢

能友弟里中惡少亦加欽　憶昔居廬淚滿巾一

爲縣尉尙寬仁几筵設祭敎時祀朝夕哀悲更愴

神

노조ᄂᆞᆫ슈나라하동사ᄅᆞᆷ이니구세에효경과논

어ᄅᆞᆯ알고계모댱시ᄅᆞᆯ지효로셤기더니댱시세

아ᄃᆞᆯ을나하편벽히ᄉᆞ랑ᄒᆞ고조로ᄒᆞ여곰밥을

지이니죄죠곰도게얼리아니ᄒᆞ고그아ᄃᆞᆯ이글

닑으라갈시조로ᄒᆞ여곰나귀ᄅᆞᆯ몰니이니죄채

ᄅᆞᆯ잡고곳비ᄅᆞᆯ잇그러노복ᄀᆞᆺ티ᄒᆞ고세아이술

을즐겨노니다가사ᄅᆞᆷ과ᄃᆞ토니그사ᄅᆞᆷ이집의
ᄯᆞ라와어미ᄅᆞᆯ욕ᄒᆞ거ᄂᆞᆯ죄울며절ᄒᆞ여말리니
악쇼년이ᄀᆞᆯ오ᄃᆡ세놈이엇디이런어딘형을두
엇ᄂᆞᆫ고ᄒᆞ고서로더브러조의게절ᄒᆞ고가더라
계뫼죽으매죄세아ᄋᆞᆯᄆᆞᄅᆞ치고길러ᄉᆞ랑ᄒᆞ미
샤시에디난디라어믜거상을닙고ᄋᆡ훼ᄒᆞ여ᄲᅨ
드러나니져녁마다여호와ᄉᆞᆰ이좌우의라렬ᄒᆞ
엿다가샐만ᄒᆞ면가더라후에원을ᄒᆞ여뎡시관
인ᄒᆞ고관샤에궤연을베프러부모ᄅᆞᆯ제ᄒᆞ며나
갈제고ᄒᆞ고도라오면뵈오며그ᄯᅳᆯ에디날제국

궁ᄒᆞ고아ᄎᆞᆷ이면효경을ᄒᆞᆫ번닑은후에공ᄉᆞᄅᆞᆯ
ᄒᆞ되상친쟝(효경에거상ᄒᆞᄂᆞᆫ글이라)의니ᄅᆞ러ᄂᆞᆫ문득오열ᄒᆞ
여견ᄃᆡ디못ᄒᆞ더라

孟熙得金

五代 蜀

孟熙販果實養親承顏順志不憚苦辛其父常云我雖貧養得一曾參及父亡絶漿哀號幾至滅性布苫于地寢處其上三年不食鹽酪遠近歎服因見鼠掘地得黃金數千兩因成巨富

〔詩〕家貧負販養嚴親承順何嘗憚苦辛歿後居喪能盡禮行同曾子異常人 掘鼠何由遽得金孝親於此感天心一時不但家能富贏得香名說到今

밍희ᄂᆞᆫ촉사ᄅᆞᆷ이니과실을ᄑᆞ라어버이ᄅᆞᆯ봉양호ᄃᆡᄂᆞᆺ빗ᄎᆞᆯ바드며ᄠᅳᆺ을슌히ᄒᆞ여신고ᄒᆞ믈새

리디아니ᄒᆞ니그아비미양날오ᄃᆡ내비록가난ᄒᆞ나효증ᄉᆞᆷ공ᄌᆞ뎨ᄌᆞ니지극ᄒᆞᆫ효ᄌᆞ라을길넛노라ᄒᆞ더니아비죽으매입에슈댱을ᄯᅳᆫ코슬피블으지져거의죽게되고거적을싸히펴고그우ᄒᆡ거쳐ᄒᆞ여삼년을염장을먹디아니ᄒᆞ니원근사ᄅᆞᆷ이탄복ᄒᆞ더니쥐를보고싸ᄒᆞᆯᄑᆞ다가황금수쳔냥을어더인ᄒᆞ여거부되니라

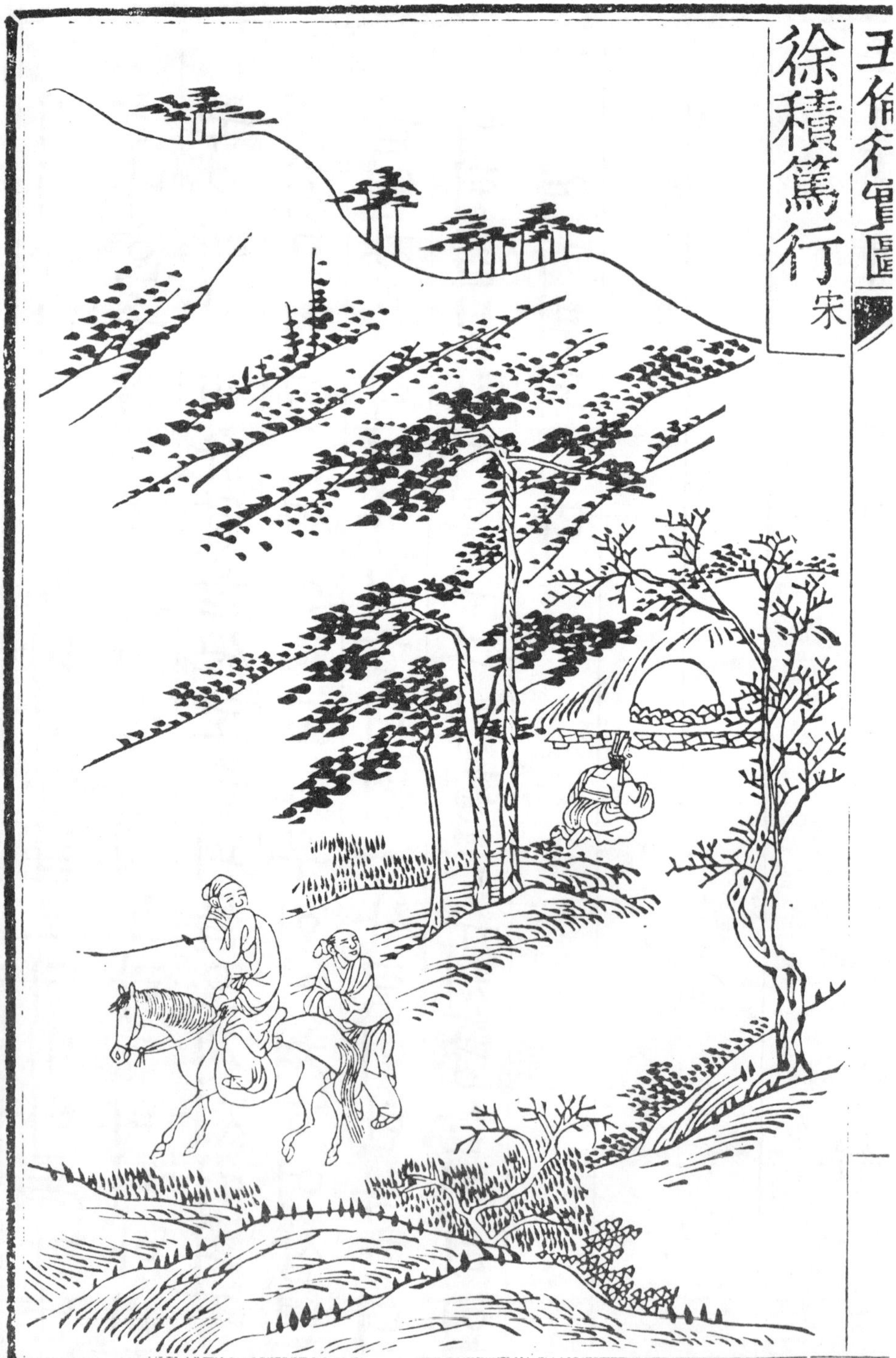
五倫行實圖
徐積篤行 宋

徐積楚州人三歲父死朝朝求之甚哀母使讀孝經輒淚落不能止事母至孝朝夕冠帶定省應舉入都不忍捨其親徒載而西登第舉首許安國率同年入拜且致百金爲壽謝而却之以父名石終身不用石器行遇石則避而不踐母亡悲慟嘔血廬墓三年雪夜伏墓側哭不絕音翰林學士呂溱過其墓聞之爲泣下曰使鬼神有知亦垂涕也甘露歲降兆域杏兩枝合爲榦既終喪不徹筵几起居饋獻如平生州以行聞詔賜粟帛元祐初爲楚州教授又轉和州防禦推官徽宗賜謚節孝處士

〔詩〕嬰孩亡父日哀求感切中情涕泗流事母更能
躬孝養當時名士復誰儔　致養居喪總盡情神
明默贊顯禎祥重膺朝命榮褒寵今古人傳節孝
名

셔적은송나라초쥬사ᄅᆞᆷ이니삼세에아비죽으
니아ᄎᆞᆷ마다ᄎᆞᄌᆞ며심히셜워ᄒᆞ고어미ᄒᆞ여곰
효경을닑히면믄득눈믈을긋치디아니ᄒᆞ고어
미ᄅᆞᆯ지효로셤겨관과ᄯᅴᄅᆞᆯᄆᆞ초아됴셕으로문
안ᄒᆞ며과거보라셔울올ᄉᆡᄎᆞ마어미ᄅᆞᆯ셔나디
못ᄒᆞ여ᄒᆞᆫ가지로실어갓더니급졔ᄒᆞ매장원허

안국이동년동방파거ᄒᆞᆫ사ᄅᆞᆷ이라을거느리고드려와뵈고
빅금을주어헌슈ᄒᆞ라ᄒᆞᆫ대샤례ᄒᆞ여밧디아니
ᄒᆞ니라아뵈일홈이돌셕지라ᄒᆞ여죵신토록돌
그르ᄉᆞᆯ아니ᄡᅳ고길ᄒᆡ셔돌을만나면피ᄒᆞ고볿
디아니ᄒᆞ여어미죽으매비통ᄒᆞ여피ᄅᆞᆯ토ᄒᆞ고
삼년을녀묘ᄒᆞ여눈오는밤이면묘측에업ᄃᆡ여
울기ᄅᆞᆯ긋치디아니ᄒᆞ니한림혹ᄉᆞ녀진이그무
덤을디나다가듯고눈물을느리와골오ᄃᆡ귀신
이아름이이실딘대또ᄒᆞᆫ눈물을지우리라ᄒᆞ더
라ᄃᆞᆫ이ᄉᆞᆯ이ᄒᆡ마다무덤알ᄑᆡ느리고ᄉᆞᆯ고나모

두가지합ᄒᆞ여효등결이되엿더라거상을ᄆᆞᆺᄎᆞ
되궤연을것디아니ᄒᆞ고문안과음식드리기ᄅᆞᆯ
샹시ᄀᆞᆺ티ᄒᆞ니원이효힝으로주문ᄒᆞᆫ대곡식과
비단을주시고후에초쥬교슈ᄅᆞᆯᄒᆞ고ᄯᅩ화쥬방
어츄관벼ᄉᆞᆯ로올므니라휘종황뎨시호ᄅᆞᆯ주셔
절효쳐ᄉᆞ라ᄒᆞ니라

五倫行實圖 卷一 孝子 五十三

吳二臨川小民事母至孝一夕有神見夢曰汝明日午刻當爲雷擊死吳以老母在堂乞救護神曰受命於天不可免也吳恐驚其母淩晨具饌以進白云將他適請暫詣妹家母不許俄黑雲起日中天地冥暗雷聲闐闐然吳益慮驚母趣使閉戶自出野田以待頃之雲氣廓開吳幸免禍亟歸拊其母猶疑神言不實未敢以告是夜復夢神曰汝至孝感天已宥宿惡宜加敬事

〔詩〕宿譴應知合殞生夢中神報甚分明凌晨具饌還供母欲適他家恐母驚　雷霆震怒忽轟闐待

罰從容出野田雲散倏然天日霽只緣事母孝心虔

오이ᄂᆞᆫ송나라남쳔빅셩이라어미ᄅᆞᆯ지효로셤기더니ᄒᆞ로저녁은신령이ᄭᅮᆷ에뵈여ᄀᆞᆯ오ᄃᆡ네ᄂᆡ일오시면뇌뎡에마자죽으리라오이ᄂᆞᆰ은어미이시니구호ᄒᆞ쇼셔ᄒᆞ고빈대신령이ᄀᆞᆯ오ᄃᆡ하ᄂᆞᆯ긔명을밧ᄌᆞ와시니면티못ᄒᆞ리라오이그어미ᄂᆞᆯ날가두려워ᄒᆞ여새베음식을ᄀᆞ초아드리고ᄉᆞᆯ오ᄃᆡ쟝ᄎᆞᆺ다른ᄃᆡ나가니청컨대잠간누의집의가쇼셔어미허티아니ᄒᆞ더니이윽고검

은구룸이니러나며ᄒᆡ가나즌ᄒᆞ여셔텬디어둡고우레소릐던동ᄒᆞ니오이더옥어미놀날가념녀ᄒᆞ여밧비문을닷고스ᄉᆞ로들밧히나가기ᄃᆞ리더니이옥고구룸이확연히열리ᄂᆞᆫ디라오이다ᄒᆡᆼ이화ᄅᆞᆯ면ᄒᆞ고급히도라와어미ᄅᆞᆯ어르ᄆᆞᆫ지고오히려신령의말이맛디아니믈의심ᄒᆞ여감히고티못ᄒᆞ더니이날밤에ᄯᅩᄭᅮᆷ을ᄭᅮ니신령이ᄀᆞᆯ오ᄃᆡ네지극ᄒᆞᆫ효셩이하ᄂᆞᆯ긔감동ᄒᆞ여이믜젼죄ᄅᆞᆯ샤ᄒᆞ니맛당이더옥공경ᄒᆞ여셤기라ᄒᆞ더라

王薦益壽 元

王薦福寧人父嘗病甚薦夜禱於天願減己年益父壽父絕而復甦告其友曰適有神人黃衣紅帕首恍惚語我曰汝子孝上帝命錫汝十二齡疾遂愈後果十二年而卒母沈氏病渴語薦曰得瓜以啖我渴可止時冬月求於鄉不得行至深奧嶺值大雪薦避雪樹下思母病仰天而哭忽見巖石間青蔓離披有二瓜焉因摘歸奉母母食之渴頓止

詩父病精虔禱上天願將己筭益親年孝心感格天心順恍惚神將帝命傳　母渴思瓜正歲寒那堪山路雪漫漫雙瓜忽產空巖裏歸奉慈親痼疾

安

왕쳔은원나라복녕사ᄅᆞᆷ이니아비일즉병이듕ᄒᆞ매쳔이밤에하ᄂᆞᆯ긔비되원컨대내나흘감ᄒᆞ여아비슈ᄅᆞᆯ더ᄒᆞ여디이다ᄒᆞ더니아비긔졀ᄒᆞ엿다가다시ᄭᆡ여그벗ᄃᆞ려닐러골오ᄃᆡ앗가신인이누른옷닙고블근건쓰고황홀이날ᄃᆞ려닐오ᄃᆡ네아ᄃᆞᆯ이효ᄒᆡᆼ이이시니샹톄명ᄒᆞ샤네나열ᄒᆡᄅᆞᆯ더ᄒᆞ노라ᄒᆞ더라ᄒᆞ고병이드ᄃᆡ여나아그후열두ᄒᆡ만의죽으니라어미심시쇼갈병이이셔쳔ᄃᆞ려닐오ᄃᆡ외ᄅᆞᆯ먹으면내갈병이나으

리라ᄒᆞ되이새겨울이라ᄆᆞ올에구ᄒᆞ되얻디몯
ᄒᆞ고힝ᄒᆞ여심오령이라ᄒᆞᄂᆞᆫ싸히니ᄅᆞ러대설
을만나쳔이나모아래셔눈을피ᄒᆞ며어믜병을
싱각ᄒᆞ고하ᄂᆞᆯ을우러러우더니홀연바회ᄉᆞ이
롤보니프른너출이얼켯ᄂᆞᆫ듸외둘히잇거ᄂᆞᆯ싸
다가어믜게드리니어미먹고갈병이즉시나으
니라

劉氏孝姑
皇明

劉氏新樂人韓太初妻太初洪武七年遷和州挈家行劉事姑寗氏甚謹姑在道遇疾劉刺臂血和湯以進姑疾愈比至和州太初卒劉種蔬以給食養姑尤謹又二年姑患風不能起時盛暑劉晝夜侍側驅蚊蠅姑體腐蛆生又爲齧蛆蛆不復生及姑病篤齧劉指與之訣劉號呼神明封股肉和粥以進姑復甦越月而卒劉殯舍側欲還葬舅墓哀號凡五年不能歸事聞 太祖皇帝遣中使賜劉衣一襲鈔二十錠官爲送喪歸葬旌門復家

〈詩〉刺血和湯姑疾甦夫亡無食種園蔬蛆生姑體

偏能齧盛夏蚊蠅更爲驅 朝廷特爲返姑喪始
得還鄉葬舅傍旌表門閭兼寵賚古來孝婦實無
雙

뉴시ᄂᆞᆫ 황명신락사ᄅᆞᆷ이오한태초의안ᄒᆞ니
태최홍무(명태조대년호라) 칠년에화쥬에귀향갈ᄉᆡ가쇽
을ᄃᆞ리고가더니뉴시싀어미셤기믈심히공근
ᄒᆞᆫ디라싀어미길ᄒᆡ셔병들거ᄂᆞᆯᄑᆞᆯ을질러피내
여약에섯거드리니병이나으니라화쥬에니ᄅᆞ
러태최죽으니뉴시ᄂᆞ믈올심거먹으며싀어미
봉양ᄒᆞ믈더옥공경ᄒᆞ더니ᄯᅩ두ᄒᆡ만에싀어미

풍병드러능히니디못ᄒᆞ니이새극열이라뉴시
듀야로겻ᄒᆡ뫼셔모긔와ᄑᆞ리ᄅᆞᆯ놀리고싀어미
몸이석어귀덕이나거ᄂᆞᆯᄯᅩ입으로귀덕이ᄅᆞᆯᄲᆞ
니다시나디아니ᄒᆞ더라싀어미병이듕ᄒᆞ야뉴
시의손가락을ᄶᅵ무려영결ᄒᆞ니뉴시신명을브
르지디며다리ᄉᆞᆯ을베혀쥭에타드리니다시살
앗다가두돌만에죽으니뉴시집겻ᄒᆡ빈소ᄒᆞ고
싀부의무덤에도라가장ᄉᆞᄒᆞ려ᄒᆞ여슬피우러
다ᄉᆞᆺ히되되능히도라가디못ᄒᆞ더니 태조황
뎨이일을드ᄅᆞ시고듕ᄉᆞᄅᆞᆯ보내여뉴시ᄅᆞᆯ의복

일습과은이십뎡을주시고관가로셔상힘을출
혀보내여도라와장ᄉᆞᄒᆞ고졍문ᄒᆞ고복호ᄒᆞ다

婁伯捕虎 高麗
五倫行實圖

崔婁伯水原吏尙翥之子尙翥獵爲虎所害婁伯時年十五欲捕虎母止之婁伯曰父讎可不報乎卽荷斧跡虎虎旣食飽臥婁伯直前叱虎曰汝害吾父吾當食汝虎乃掉尾俛伏遽斫而刳其腹取父骸肉安於器納虎肉於甕埋川中葬父洪法山西廬墓一日假寐其父來詠詩云披榛到孝子廬情多感淚無窮負土日加塚上知音明月淸風生則養死則守誰謂孝無始終詠訖遂不見服闋取虎肉盡食之

詩 崔父山中獵兎狐却將肌肉餧於菟當時不有兒郞孝誰得揮斤斫虎顱 捕虎償寃最可憐山

西廬墓又三年小詞來誦眞非夢端爲哀誠徹九泉

최누빅은고려적슈원아젼샹쟈의아들이니샹재산영ᄒᆞ다가범의게해ᄒᆞᆫ배되니이ᄣᅢ누빅의나히십오세라범을잡고져ᄒᆞ거ᄂᆞᆯ어미말린대누빅이졸오듸아비원슈ᄅᆞᆯ엇디아니갑ᄒᆞ리오ᄒᆞ고즉시돗긔ᄅᆞᆯ메고범의자최ᄅᆞᆯᄯᆞᆯ오니범이이믜다먹고비블러누엇거ᄂᆞᆯ누빅이바로알픠ᄃᆞ라드러범을ᄭᅮ디저졸오듸네내아비ᄅᆞᆯ해쳐시니내너ᄅᆞᆯ먹으리라범이쇼리ᄅᆞᆯ치고업듸거

ᄂᆞᆯᄃᆞᆺ긔로ᄉᆡᆨ어비ᄅᆞᆯ헤티고아븨새와술을내여
그ᄅᆞ시담고범의고기ᄅᆞᆯ항에녀허믈가온대뭇
고아비ᄅᆞᆯ홍법산셔편에장ᄉᆞᄒᆞ고녀묘ᄒᆞ더니
ᄒᆞᆯᄂᆞᆫ셤을ᄡᆞ니그아비와셔글을읇허ᄀᆞᆯ오ᄃᆡ가
시덤블을헤티고효ᄌᆞ의집에니ᄅᆞ니졍이늣기
미만ᄒᆞ매눈믈이무궁ᄒᆞ도다ᄒᆞᆰ을져셔날마다
무덤애더ᄒᆞ니지음은명월쳥풍이로다사라셔
봉양ᄒᆞ고죽으매ᄃᆡᆨ희니뉘날오ᄃᆡ회시죵이업
다ᄒᆞ리오읇기ᄅᆞᆯ다ᄒᆞ매믄득뵈디아니ᄒᆞ더라
거상을ᄆᆞᄎᆞ매범의고기ᄅᆞᆯ내여다먹으니라

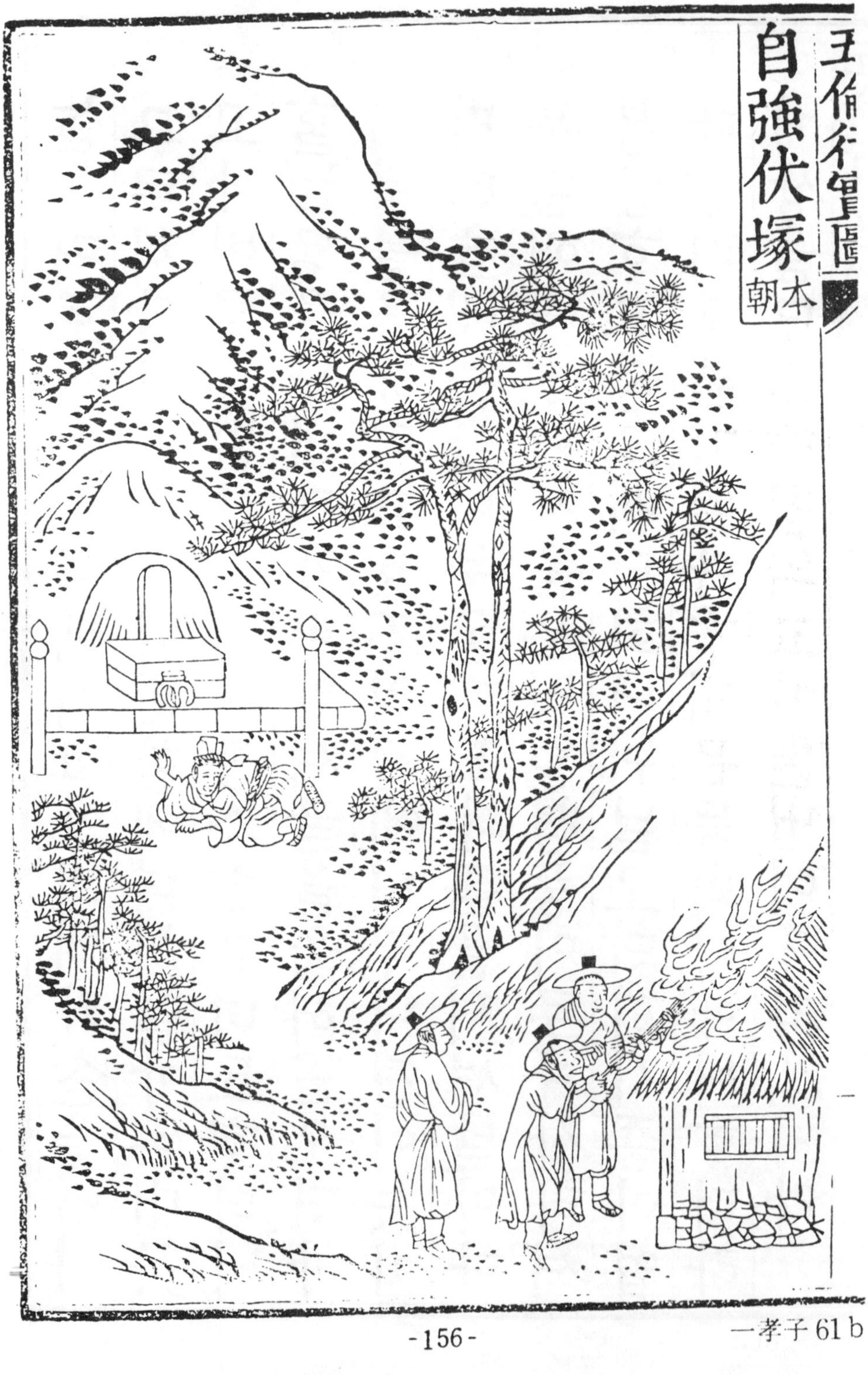

自強伏塚 朝本

金自強星州人年幼喪父奉母承順無闕母喪不用
浮屠一依家禮比葬遷父合葬廬墓三年服闋又欲
爲父更居三年妻黨牽引登途仍焚其廬自強顧瞻
烟光呼天擗地力排還歸伏塚三日不起姻戚感其
孝誠爲復結廬以與之自強又居三年如初

〔詩〕鬐年父逝奉慈闈順色承顔罔或違喪盡禮儀
仍合葬守墳三載淚渾衣　終喪復爲父居廬苦
被姻親強引裾顧視烟光號擗地至誠能感得如
初

김ᄌᆞ강은 본됴셩쥬사ᄅᆞᆷ이니어려아비죽고

어미ᄅᆞᆯ셤기되ᄠᅳᆮ을승슌ᄒᆞ여그ᄅᆞᆺᄒᆞ미업더니
어미죽으매부도 듕의법이라 ᄅᆞᆯᄡᅳ디아니ᄒᆞ고ᄒᆞᆫᄀᆞᆯᄀᆞᆺ
티가례ᄅᆞᆯ조차그아비와합쟝ᄒᆞ고삼년을녀묘
ᄒᆞ야거상을ᄆᆞᆺ초매ᄯᅩ아비ᄅᆞᆯ위ᄒᆞ여삼년을다
시이시려ᄒᆞ거ᄂᆞᆯ쳐족들이잇글고길로나가인
ᄒᆞ여그녀막을블지르니조강이ᄂᆞᆺ빗출ᄇᆞ라보
고하ᄂᆞᆯ을부르며ᄲᅡ흘두ᄃᆞ리며힘ᄲᅧ믈니치고
도로가무덤알픠사흘을업ᄃᆡ여니디아니ᄒᆞ니
쳐족들이그효셩을감동ᄒᆞ여다시녀막을지어
주니조강이ᄯᅩ삼년을이시되처음ᄀᆞᆺ더라

五倫行實圖 卷一 孝子 六十三

石珍斷指 朝本

俞石珍高山縣吏也父天乙得惡疾每日一發發則
氣絶人不忍見石珍日夜侍側無懈號泣于天廣求
醫藥人言生人之骨和血而飮則可愈石珍卽斷左
手無名指依言以進其病卽瘳

詩 父患沉痾久未痊兒心悶絶叫蒼天誰知一粒
靈丹劑却在無名指細硏　父子天倫萬古同奈
隨王化有汙隆觀圖每向高風挹藉甚名聲永不
窮

유셕딘은　본됴고산현아젼이니아비텬을이
악질을어더미일에병이발ᄒᆞ야긔절ᄒᆞ니사ᄅᆞᆷ

이ᄎᆞ마보디몯ᄒᆞᄂᆞᆫ디라셕단이듀야로겻ᄒᆡ뫼셔하ᄂᆞᆯ긔브르지디며두로의약을구ᄒᆞ니사ᄅᆞᆷ이닐오ᄃᆡ산사ᄅᆞᆷ의ᄲᅧ를피에섯거먹으면가히나으리라ᄒᆞᆫ대셕단이즉시왼손무명지를ᄭᅳᆫ허그말대로ᄒᆞ여나오니병이즉시나으니라

五倫行實圖
殷保感烏
本朝

尹殷保徐騭知禮縣人俱學於同縣知宜州事張志道一日相謂曰人生於三事之如一況吾師無子可養乎得異味輒饋每遇良辰必具酒饌如事父然張歿二人請廬墓於其親親憐而聽之乃玄冠腰絰居墓傍躬爨供奠尹父嘗病卽歸奉藥衣不解帶父愈令復歸廬月餘尹感異夢亟歸則父果以夢夕疾作未旬而死尹晨夕號哭不離喪側旣葬廬父墳一日飄風暴起失案上香盒數月有烏銜物飛來置塋前人就視之卽所失香盒也至朔望猶奠張墳徐亦終三年宣德壬子事聞殷保騭並命旌門拜官

詩孔門廬墓載遺編師道千年廢不傳誰料窮鄉
初學輩種楷腰經企前賢　一體而分性本眞夢
驚親癠氣通神慈烏反哺能相感香盒銜來慰棘
人

윤은보와셔즐은　본됴지례현사ᄅᆞᆷ이니ᄒᆞᆫ가
지로그고을사ᄅᆞᆷ쟝지도의게글비호더니ᄒᆞᆯ는
서로닐오ᄃᆡ스승은부모와ᄒᆞᆫ가지니ᄒᆞᄆᆞᆯ며우
리스승이조식이업ᄉᆞᆫ디라ᄒᆞ고됴흔음식을어
드면스승을먹이고명일을만나면쥬찬을ᄀᆞ초
아아비셤기ᄃᆞᆺᄒᆞ더니쟝지되죽으매두사ᄅᆞᆷ이

그어버이게녀묘호믈쳥ᄒᆞᆫ대어버이어엿비너
겨허ᄒᆞ니이에졔복으로스승의묘측에이셔몸
소밥지어졔뎐을밧드더니은뵈아비병들매즉
시도라와탕약을밧드러오시셔ᄅᆞᆯ그르디아니
ᄒᆞ고아비병이나으매은보로ᄒᆞ여곰다시녀막
의도라갓더니월여의은뵈고이ᄒᆞᆫ셤을사고샐
리도라오니아비과연셤셔구뎐날로병이들엇ᄂᆞᆫ
디라열흘이못ᄒᆞ여죽으니은뵈됴셕으로호곡
ᄒᆞ고상측을써나디아니ᄒᆞ고장후의아븨무덤
의녀막ᄒᆞᆯ시ᄒᆞᆯᄂᆞᆫ급ᄒᆞᆫᄇᆞ람이니러나상우희향

五倫行實圖 卷一 孝子 六十六

합을일헛더니수월만의가마귀므어ᄉᆞᆯ물고ᄂᆞ
라와무덤알픠두거ᄂᆞᆯ사ᄅᆞᆷ이가보니일헛던향
합이러라삭망이면오히려스승의무덤의제ᄒᆞ
고셔즐도ᄯᅩᄒᆞᆫ게셔삼년을ᄆᆞᄎᆞ니션덕(명션종황뎨대년호라)
임ᄌᆞ에 샹이이일을드ᄅᆞ시고두사ᄅᆞᆷ을다
정문ᄒᆞ고벼ᄉᆞᆯᄒᆞ이시다

五倫行實圖卷第一

五倫行實図

上之九年壬申二月初三日丁巳

上親行舍菜禮于 文廟丙辰 臨御明倫堂俾諸生肄儀肄儀既 召見齋儒及叅班儒生於前 命進魯論一部 親讀首章 天顔溫粹 玉音洪亮使承宣臣 釋其句讀之義而諄諄教誨之如賢父兄之於子弟 若曰咨爾諸生克體予意其各篤志修行崇我正學光此大道大哉 王言至哉 王心此紫陽夫子所謂宗社生靈之福也況復 親製五言詩一絶 命諸生諸臣賡進之越四日庚申召對慈慶便殿各 賜五倫行實圖四冊仍敷休哉未知魯泮從遊漢橋圜聽之

時亦有此曠世 恩數否 國家化民成俗之意學者立志修己之方豈不外乎篤於此五倫而已然則是冊子也豈直如科目中尋摘底文字耶凡為臣子者宜其上體 恩諭崇此學光此道焉則庶幾無負我

聖上敦勉之至意茲謹搆一律以志榮感之意易哉吾同齋之人詩曰

太學 親臨 寶衮垂春丁釋菜仰遺儀諸生台對青衿濟

聖道揄揚白日移須五倫圖 恩數在賡三代韵性情知眹極朝日

長韶樂八拜龍樓出鳳池

五倫行實圖卷第二目錄

忠臣

龍逄諫死 夏

桀鑿池爲夜宮男女雜處三旬不朝關龍逄諫曰人君謙恭敬信節用愛人故天下安而社稷宗廟固今君用財若無窮殺人若不勝民惟恐君之後亡矣人心已去天命不祐盍少悛乎不聽龍逄立不去桀殺龍逄

詩 夏桀荒淫毒下民弗親朝政至三旬輕生極諫言辭切得似龍逄有幾人　庭立陳辭冀小悛如何不聽殺忠賢民言曷喪眞堪畏自道予生命在天

하나라님군걸이모ᄉᆞᆯᄑᆞ며어두은집을ᄆᆡᆫᄃᆞᆯ고

남녜ᄒᆞᆫ듸이셔오릐됴회밧디아니ᄒᆞ니뇽방이
간ᄒᆞ여ᄀᆞᆯ오듸인군이겸공ᄒᆞ고경신ᄒᆞ며ᄌᆡ믈
을졀용ᄒᆞ고사ᄅᆞᆷ을ᄉᆞ랑ᄒᆞᄂᆞᆫ고로련해평안ᄒᆞ
고샤직종묘ᄅᆞᆯ보젼ᄒᆞᄂᆞ니이제군은ᄌᆡ믈ᄡᅳ기
ᄅᆞᆯ궁진ᄒᆞ미업ᄉᆞᆯᄃᆞ시ᄒᆞ고사ᄅᆞᆷ죽이믈밋처못
ᄒᆞᆯᄃᆞ시ᄒᆞ니ᄇᆡᆨ셩이오직군이더듸망ᄒᆞᆯ가두려
워ᄒᆞᄂᆞᆫ디라인심이ᄇᆡ반ᄒᆞ고련명이돕디아니
ᄒᆞ거ᄂᆞᆯ엇디죠곰도곳치디아니ᄒᆞᄂᆞ니잇가걸
이듯디아니ᄒᆞ거ᄂᆞᆯ뇽방이셔고가디아니ᄒᆞ니
걸이뇽방을죽이니라

五倫行實圖
欒成鬪死
列國
晉

曲沃武公伐翼殺哀侯止欒共子曰無死吾以子爲上卿制晉國之政辭曰成聞之民生於三事之如一父生之師敎之君食之非父不生非食不長非敎不知生之族也故一事之唯其所在則致死焉報生以死報賜以力人之道也成敢以私利廢人之道遂鬪而死

〔詩〕武公伐翼殺哀侯止死欒成待欲優縱受上卿專國政其如不共戴天讎

君師自古生之族所在唯應以死酬大義胷中曾識得肯將私利爲身謀

딘나라곡옥무공이익셔흘려의후룰죽이고난
셩을잡아닐오되죽디말라내널로뻐샹경벼슬
을ᄒᆞ여나라졍ᄉᆞ를ᄀᆞ음알게ᄒᆞ리라셩이ᄉᆞ양
ᄒᆞ여ᄀᆞᆯ오되나ᄂᆞᆫ드르니ᄇᆡᆨ셩이세곳의사라셤
기믈ᄒᆞᆫᄀᆞᆯᄀᆞᆺ티ᄒᆞᆫ다ᄒᆞ니아비나ᄒᆞ시고스승이
ᄀᆞᄅᆞ치고님균이먹이시니아비아니면나디못
ᄒᆞ고밥이아니면ᄌᆞ라디못ᄒᆞ고ᄀᆞᄅᆞ치디아니
면아ᄅᆞᆷ이업ᄂᆞᆫ고로ᄒᆞᆫᄀᆞᆯᄀᆞᆺ티셤겨죽기ᄅᆞᆯ닐위
ᄂᆞ니살오니ᄂᆞᆫ죽기로뻐갑고주ᄂᆞ니ᄂᆞᆫ힘으로
뻐갑ᄒᆞ미사ᄅᆞᆷ의도리라내엇디니로뻐사ᄅᆞᆷ의

도리ᄅᆞᆯ폐ᄒᆞ리오ᄒᆞ고드듸여ᄲᅡ화죽으니라

石碏純臣
列國
衛

衛州吁弑桓公而立未能和其民石碏子厚問定君於石碏碏曰王覲爲可曰何以得覲曰陳桓公方有寵於王陳衛方睦若朝陳使請必可得也厚從州吁如陳碏使告于陳曰衛國褊小老夫耄矣無能爲也此二人者實弑寡君敢卽圖之陳人執之而請涖于衛衛人使右宰醜涖殺州吁于濮碏使其宰獳羊肩涖殺厚于陳君子曰石碏純臣也惡州吁而厚與焉大義滅親其是之謂乎

〔詩〕家兒當賊致紛紜來問和民與定君國小無能身亦老勸令王覲是奇勳　陳人討賊是誰因老

子謀謨動四隣大義滅親如欲識請看青史記純臣

위나라쥬위(환공의쳡아ᄃᆞᆯ이라) 환공을죽이고스ᄉᆞ로셔니빅셩이화티아니ᄒᆞᄂᆞᆫ디라셕쟉의아ᄃᆞᆯ휘쟉ᄃᆞ려무러ᄀᆞᆯ오ᄃᆡ엇디ᄒᆞ면님군을뎡ᄒᆞ리잇가쟉이ᄀᆞᆯ오ᄃᆡ텬ᄌᆞ긔뵈오미가ᄒᆞ니라휘ᄀᆞᆯ오ᄃᆡ엇디ᄲᅧ어더뵈오리잇가쟉이ᄀᆞᆯ오ᄃᆡ진환공이ᄇᆞ야흐로텬ᄌᆞ긔통이잇고진과위ᄯᅩ화목ᄒᆞᄂᆞ니만일진환공을보고쳥ᄒᆞ면가히되리라셕휘쥬우로더브러진으로갓더니쟉이사ᄅᆞᆷ으로ᄒᆞ여곰

진에고ᄒᆞ여ᄀᆞᆯ오ᄃᆡ나라히젹고내늙어능히ᄒᆞᆯ
일이업ᄂᆞᆫ디라이두사ᄅᆞᆷ이、실로우리님군을죽
여시니쳥컨대즉시도모ᄒᆞ라진환공이쥬우와
셕후ᄅᆞᆯ잡아위사ᄅᆞᆷᄃᆞ、려와죽이라ᄒᆞᆫ대위인이
우지(벼슬이라)취ᄅᆞᆯ보내여쥬우ᄅᆞᆯ죽이고셕쟉이ᄯᅩ
가신을보내여그아ᄃᆞᆯ후ᄅᆞᆯ죽이니군ᄌᆞᄀᆞᆯ오ᄃᆡ
셕쟉은튱슌ᄒᆞᆫ신해라쥬우ᄅᆞᆯ믜워ᄒᆞᆯ시아ᄃᆞᆯ이
참예ᄒᆞ니큰의로지친을멸ᄒᆞᆫ다ᄒᆞᄆᆞᆫ셕쟉을니
ᄅᆞ미로다

五倫行實圖
王蠋絕脰
列國
齊

燕樂毅破齊聞畫邑人王蠋賢令軍中環畫邑三十里無入使人請蠋蠋謝不往燕人曰不來吾屠畫邑蠋曰忠臣不事二君烈女不更二夫齊王不用吾諫故退而耕於野國破君亡吾不能存而又欲劫之以兵吾與其不義而生不若死遂經其頸於樹枝自奮絕脰而死

詩燕人圍畫欲屠城節士安能枉已行不事二君當日語凜然千載樹風聲　君亡國破不能存非義而生豈足論經死樹間方自慊千秋地下作忠魂

연나라댱슈악의의제나라ᄅᆞᆯ파ᄒᆞ고획읍사ᄅᆞᆷ왕
쵹의어딜믈듯고군듕에녕ᄒᆞ여획읍삼십리ᄅᆞᆯ
침노티말라ᄒᆞ고사ᄅᆞᆷ으로ᄒᆞ여곰쵹을청ᄒᆞᆫ대
쵹이샤례ᄒᆞ고가디아니ᄒᆞ니연사ᄅᆞᆷ이ᄀᆞᆯ오ᄃᆡ
오디아니ᄒᆞ면획읍을뭇디ᄅᆞ리라쵹이ᄀᆞᆯ오ᄃᆡ
튱신은두님군을셤기디아니ᄒᆞ고녈녀ᄂᆞᆫ두지
아비ᄅᆞᆯ곳치디아니ᄒᆞᄂᆞ니제왕이내간ᄒᆞᄂᆞᆫ말
을ᄡᅳ디아니ᄒᆞᆫ고로믈러와들ᄒᆡ밧가더니나라
히파ᄒᆞ고님군이망ᄒᆞ여시니내능히보존케못
ᄒᆞ고ᄯᅩ군ᄉᆞ로협박ᄒᆞ고져ᄒᆞ니내그블의코살

므론ᄎᆞᄅᆞ리죽음만ᄀᆞᆺ디못ᄒᆞ다ᄒᆞ고 그목을남
게ᄃᆞᆯ고스ᄉᆞ로ᄂᆞ려디너목이ᄉᆞᆫ처죽으니라

紀信誑楚 漢

紀信漢將項羽圍滎陽漢王請和割滎陽以西爲漢范增勸羽急攻滎陽王患之信曰事急矣臣請誑楚王可以間出於是陳平夜出女子滎陽東門二千餘人楚因四面擊之信乃乘王車黃屋左纛曰城中食盡漢王降楚楚皆呼萬歲之城東觀以故王得與數十騎從西門出走成皐羽燒殺信

〔詩〕漢王當日被重圍事急何人解指麾不有將軍謀誑楚陳平雖智計無施　攀龍附鳳幾英雄黃屋生降爲沛公帝業緜緜基此舉蕭何不是漢元功

긔신은한나라댱쉬니항위형양을에워ᄡᆞ거ᄂᆞᆯ
한왕이ᄯᅡ흘베혀화친을쳥ᄒᆞ니범증이항우ᄅᆞᆯ
권ᄒᆞ여형양을급히티라ᄒᆞ거ᄂᆞᆯ왕이근심ᄒᆞᆯ시
긔신이ᄭᅬ오ᄃᆡ일이급ᄒᆞᆫ디라신이쳥컨대초ᄅᆞᆯ
소길거시니왕은ᄉᆞ이길로ᄃᆞ라나쇼셔ᄒᆞ고이
에진평이밤에겨집이쳔여인을동문으로내여
보내여ᄡᆞ홈ᄒᆞ려ᄒᆞᄂᆞᆫ톄ᄒᆞ니초나라군ᄉᆞᄉᆞ면
으로티거ᄂᆞᆯ신이이에왕의술위ᄅᆞᆯᄐᆞ고황옥좌
독(남군의위의라)으로나와ᄭᅬ오ᄃᆡ셩듕의군량이진ᄒᆞ여
한왕이초의항복ᄒᆞ노라ᄒᆞᆫ대초군이다만세ᄅᆞᆯ

부르고셩동문으로가보거늘그ᄉᆞ이에왕이수
십거롤거ᄂᆞ리고셔문으로나셩고로ᄃᆞ라나니
항위거신을불에ᄉᆞᆯ와죽이니라

蘇武杖節
漢

蘇武杜陵人以中郎將使匈奴會虞常謀殺衛律單于使律治之常引武副張勝知謀召武受辭武引刀自刺律驚自抱持武氣絶半日復息律謂武曰副有罪當相坐武曰本無謀又非親屬何謂相坐復舉劍擬之武不動乃幽武大窖中絶不飮食武齧雪與旃毛幷咽之徙北海上使牧羝曰羝乳乃得歸武掘野鼠去草實而食杖漢節牧羊臥起操持節旄盡落單于使李陵置酒謂曰足下兄弟皆坐事自殺大夫人已不幸婦亦更嫁人生如朝露何自苦如此武曰臣事君猶子事父子爲父死無所恨願勿復言陵與飮

數日復曰一聽陵言武曰自分已死久矣必欲降請
效死於前陵見其至誠歎曰嗟乎義士陵與衛律罪
通于天因泣下與武決去始元六年武始得還

〔詩〕初承帝命使匈奴那料荒陲苦被拘強引受辭
終不屈堪嗟自刺絕還蘇　牧羝掘鼠歷多艱杖
節持旄意尚閑不聽陵言期效死安知後日得生
還

소무ᄂᆞᆫ한나라두릉사ᄅᆞᆷ이니듕낭댱벼ᄉᆞᆯ로ᄡᅥ
흉노(북방오랑캐칭회라)에ᄉᆞ신갓더니마ᄎᆞᆷ우샹이위률(샹우위률은다한나라사ᄅᆞᆷ으로흉노에항복ᄒᆞᆫ재라)을죽이려ᄒᆞ다가발각ᄒᆞ매선

위흉노왕이라위률로ᄒᆞ여곰사회ᄒᆞ라ᄒᆞ니우샹이소
무의부ᄉᆞ댱승을다ᄒᆞᆫ대률이무를블러됴ᄉᆞᄅᆞᆯ
바드니뮈칼을ᄲᅢ혀스ᄉᆞ로멱디르니위률이놀
나붓들고말린대뮈반일을긔절ᄒᆞ엿다가다시
ᄭᆡ거ᄂᆞᆯ률이무ᄃᆞ려닐러ᄀᆞᆯ오ᄃᆡ부ᄉᆞ의죄로맛
당이년좌ᄒᆞ리라뮈ᄀᆞᆯ오ᄃᆡ본ᄃᆡ모계업고ᄯᅩ내
친쇽이아니어ᄂᆞᆯ엇디ᄒᆞ여년좌ᄒᆞ리오률이칼
을드려죽이려ᄒᆞ되뮈요동티아니ᄒᆞᄂᆞᆫ디라이
에무를디함에가도고음식을ᄭᅳᆫᄒᆞ니뮈눈과긔
에돌닌털을섯거ᄉᆞᆷ키더니다시븍ᄒᆡ우ᄒᆡ옴겨

두고ᄒᆞ여곰수양을먹이고수양이삿기쳐야노
하보내리라ᄒᆞ니뮈먹을거시업서들에쥐굼글
파쥐먹던플열미ᄅᆞᆯ먹고한나라절을잡아누으
나안ᄌᆞ나노티아니ᄒᆞ니절뫼다셔러디더라션
위니릉 (릉은한나라댱슈로 / 흉노의항복ᄒᆞᆫ재라) 으로ᄒᆞ여곰술을가지고
무ᄅᆞᆯ다래여닐오ᄃᆡ그ᄃᆡ형뎨다죄에죽고대부
인도이믜불힝ᄒᆞ고안ᄒᆡ도ᄯᅩᄒᆞᆫᄀᆡ가ᄒᆞ엿ᄂᆞᆫᄃᆡ
라인ᄉᆡᆼ이아ᄎᆞᆷ이ᄉᆞᆯ마ᄐᆞ니엇디구ᄐᆞ여이러ᄐᆞ
시괴롭게ᄒᆞᄂᆞ뇨뮈ᄀᆞᆯ오ᄃᆡ신해님군을셤기매
ᄌᆞ식이아비셤김마ᄐᆞ니ᄌᆞ식이아비ᄅᆞᆯ위ᄒᆞ여

죽어도ᄒᆞᆯ홀배업ᄂᆞ니원컨대다시이런말을말라릉이ᄒᆞᆫ가지로두어날술먹다가다시닐오ᄃᆡᄒᆞᆫ번내말을드ᄅᆞ라뮈ᄌᆞᆯ오ᄃᆡ이믜죽기ᄅᆞᆯ결단ᄒᆞ여시니반ᄃᆞ시항복밧고져ᄒᆞ거든쳥컨대알ᄑᆡ셔죽으리라릉이그지셩을보고탄식ᄒᆞ여ᄌᆞᆯ오ᄃᆡ슬프다의ᄉᆞ여릉과위률은죄하ᄂᆞᆯ에다핫도다ᄒᆞ고인ᄒᆞ여눈믈을흘니고무로더브러니별ᄒᆞ고갓더니시원(한쇼뎨대년호라)뉵년에뮈비로소도라오니라

朱雲折檻
漢

朱雲平陵人張禹以天子師國家大政必與定議時吏民多言災異王氏專政所致成帝然之乃至禹第問以天變因用吏民言王氏事示禹禹自見年老子孫弱又與王根不平恐爲所怨謂上曰災變之意深遠難見陛下宜修政事以善應之新學小生亂道誤人宜無信用上雅信禹由是不疑雲求見曰朝廷大臣皆尸位素餐願賜斬馬劒斷佞臣一人頭以厲其餘上問誰對曰張禹上大怒曰小臣廷辱師傅罪死不赦御史將雲下雲攀殿檻折呼曰臣得從龍逄比干遊足矣御史遂將雲去將軍辛慶忌免冠叩頭流

血爭上意解得已後當治檻上曰勿易因而輯之以
旌直臣

詩 災異雖云降自天實由王氏久專權奈何張禹
依阿甚廷辱當時氣凜然 誠心請斷佞人頭擬
與逄干地下遊治檻異時令勿易是知端爲直臣
畱

쥬운은한나라평능사ᄅᆞᆷ이니쟝위텬ᄌᆞᄉᆞ부로
이셔국가의큰일은텬ᄌᆡ미양우로더브러의논
ᄒᆞ더니이새에ᄌᆡ변이만흐니사ᄅᆞᆷ이다닐오ᄃᆡ
왕시 성뎨의 쳑이라 권을잡은연괴라ᄒᆞ니황뎨그러히너

기샤쟝우의집에가텬변을무ᄅᆞ시고인ᄒᆞ야왕
시의논ᄒᆞᄂᆞᆫ말을니ᄅᆞ시니위스ᄉᆞ로ᄉᆡᆼ각호ᄃᆡ
나히늙고ᄌᆞ손이약ᄒᆞ니왕시와결원ᄒᆞᆯ가두려
워ᄒᆞ여샹긔엿ᄌᆞ오ᄃᆡ지변되ᄂᆞᆫᄯᅳ디깁고머려
알기어려온디라폐하ᄂᆞᆫ맛당이졍ᄉᆞ를닷가어
딘일로응ᄒᆞ실디니져믄션ᄇᆡ들이어즈러이말
ᄒᆞ여사ᄅᆞᆷ을그릇되게ᄒᆞᄂᆞ니밋디마ᄅᆞ쇼셔ᄒᆞᆫ
대샹이본ᄃᆡ쟝우ᄅᆞᆯ미드시ᄂᆞᆫ디라이러므로의
심티아니ᄒᆞ시니쥬운이텬ᄌᆞ긔뵈와ᄌᆞᆯ오ᄃᆡ됴
뎡대신이다녹만먹고제ᄃᆡᆨ칙을ᄎᆞᆯ히디못ᄒᆞ오

니원컨대참마검을주셔든ᄒᆞᆫ아당ᄒᆞᄂᆞᆫ신하의
마리ᄅᆞᆯ버혀다ᄅᆞᆫ사ᄅᆞᆷ을뎡계ᄒᆞ리이다샹이무
르시ᄃᆡᄂᆞᆯ을니ᄅᆞᆫ말인다ᄃᆡᄒᆞ여ᄀᆞᆯ오ᄃᆡ쟝우로
소이다샹이대노ᄒᆞ여ᄀᆞᆯᄋᆞ샤ᄃᆡ져근신해내스
승을욕ᄒᆞ니그죄죽여샤티못ᄒᆞ리라어ᄉᆡ운을
잡아ᄂᆞ리거ᄂᆞᆯ운이대궐난간을잡으니난간이
부러디ᄂᆞᆫ디라운이크게소ᄅᆡᄒᆞ여ᄀᆞᆯ오ᄃᆡ신이
룡방비간을조차ᄂᆞᆯ미족ᄒᆞ도소이다어ᄉᆡ드ᄃᆡ
여운을잡아가니쟝군신경긔관을벗고마리ᄅᆞᆯ
두ᄃᆞ려피ᄒᆞ르도록ᄃᆞ톤대샹의ᄯᅳ디져기플니

샤운의죄롤샤ᄒᆞ고후에그난간을고칠시샹이ᄀᆞᆯᄋᆞ샤ᄃᆡ밧고디말고인ᄒᆞ여곳처딕신을표ᄒᆞ라ᄒᆞ시다

龔勝推印
漢

龔勝楚郡人仕漢爲光祿大夫以王莽秉政乞骸骨歸鄉莽旣簒位遣使奉璽書太子師友祭酒印綬安車駟馬迎勝卽拜使者與郡縣長吏入里致詔使者欲令勝起迎久立門外勝稱病篤使者致詔付璽書進曰聖朝制作未定待君爲政勝曰素愚加以老病命在朝夕隨使上道必死道路使者要說以印綬加身勝輒推不受使者爲勝兩子及門人高暉等言朝廷虛心待君以茅土之封雖疾病宜移至傳舍示有行意必爲子孫遺大業暉等白之勝曰吾受漢家厚恩無以報今年老朝暮入地誼豈以一身事二姓下

見故主哉因敕棺斂喪事語畢遂不復飮食積十四
日死年七十九
(詩)新室方興國柄移乞歸鄉里是其宜竟稱病篤
無行意何用安車駟馬爲　身加印綬禮雖勤臣
子何心事二君絶粒旬餘仍不起聞風孰不挹清
芬

공승은한나라초군사ᄅᆞᆷ이니벼솔ᄒᆞ여광녹태
우에니르럿더니왕망이정ᄉᆞᄅᆞᆯ잡으니벼솔을
ᄇᆞ리고고향의도라갓더니망이찬역ᄒᆞ매ᄉᆞ쟈
ᄅᆞᆯ보내여ᄉᆡ셔 됴셰라 와태ᄌᆞᄉᆞ우재쥬벼솔인슈

ᄅᆞᆯ밧들고거마ᄅᆞᆯᄀᆞ초와승을마ᄌᆞᆸ시ᄉᆞ재군현
쟝니 원이라 로더브러승의집의가됴셔ᄅᆞᆯ젼ᄒᆞᆯ시
ᄉᆞ재승으로ᄒᆞ여곰나와맛고져ᄒᆞ여오래문밧
긔셔시니승이병들믈일ᄏᆞᆺ고나오디아니ᄒᆞ니
ᄉᆞ재명을젼ᄒᆞ고시셔ᄅᆞᆯ맛져ᄌᆞᆯ오ᄃᆡ됴뎡제도
ᄅᆞᆯ뎡티못ᄒᆞ여그ᄃᆡᄅᆞᆯ기ᄃᆞ리ᄂᆞ니라승이ᄌᆞᆯ오
ᄃᆡ내늙고병드러명이됴셕에이시니ᄉᆞ쟈ᄅᆞᆯ조
차가다가반ᄃᆞ시길히셔죽으리라ᄉᆞ재인을가
져승의몸의더ᄒᆞ니승이밀치고밧디아니ᄒᆞ거
ᄂᆞᆯᄉᆞ재승의아ᄃᆞᆯ과문인들ᄃᆞ려닐오ᄃᆡ됴뎡이

ᄆᆞᄋᆞᆷ을기우려기ᄃᆞ리ᄂᆞ니맛당이봉후에귀ᄒᆞ
미이시리니비록질병이이시나잠간ᄀᆡᆨ샤에올
마힝ᄒᆞᆯᄯᅳᆺ을뵈면반ᄃᆞ시ᄌᆞ손의게큰업을셰치
리라문인등이이말을승의게고ᄒᆞ니승이ᄌᆞᆯ오
ᄃᆡ내한나라후은을닙어갑흐미업고이제나히
늙어됴모의죽을디라엇디ᄒᆞᆫ몸으로두님군을
셤기고디하의가녯님군을보리오ᄒᆞ고인ᄒᆞ여
상ᄉᆞ제구ᄅᆞᆯᄎᆞᆯ히라ᄒᆞ고밥먹디아니ᄒᆞ여열나
ᄒᆞᆯ만의죽으니나히칠십구셰러라

李業授命 漢

李業梓潼人元始中舉明經除爲郞王莽居攝以病
去官隱藏山谷終莽之世公孫述僭號素聞業賢徵
之欲以爲博士業固疾不起述使尹融持毒酒奉詔
以劫若起則受公侯之位不起賜之以藥融譬旨曰
方今天下分崩孰知是非朝廷貪慕名德曠官缺位
宜上奉知已下爲子孫身名俱全不亦優乎今數年
不起猜疑寇心凶禍立加非計之得者也業乃歎曰
危國不入亂國不居親於其身爲不善者義所不從
君子見危授命何乃誘以高位重餌哉融見業不屈
曰宜呼室家計之業曰丈夫斷之於心久矣何妻子

之爲遂飮毒而死

詩 明經應擧擅才名漢室除郎亦至榮告疾休官終莽世公孫豈得餌公卿　天下分崩孰是非尹融譬旨適貽譏丈夫固自由心斷妻子焉能授指揮

나업은한나라지동사ᄅᆞᆷ이니원시(한평뎨대년호라)듕에명경과거ᄒᆞ여낭벼ᄉᆞᆯ을ᄒᆞ엿더니왕망이찬역ᄒᆞ매업이벼ᄉᆞᆯ을ᄇᆞ리고산듕에숨엇더니왕망이망ᄒᆞᆫ후에공손술이쵹을웅거ᄒᆞ여황뎨로라일ᄏᆞᆺ고업의어딜믈듯고블러박ᄉᆞ벼ᄉᆞᆯ을ᄒᆞ이

려ᄒᆞ니업이병을일ᄏᆞᆺ고니ᄃᆡ아니ᄒᆞ니ᄉᆞᆯ이ᄉᆞ
쟈ᄅᆞᆯ보내여독약을가져겁박ᄒᆞ여ᄀᆞᆯ오ᄃᆡ오면
공후에위ᄅᆞᆯ바들거시오오ᄃᆡ아니ᄒᆞ면독약을
먹이리라ᄒᆞ고ᄉᆞ재ᄯᅩ다래여ᄀᆞᆯ오ᄃᆡ이제텬해
어즈러오니뉘시비ᄅᆞᆯ알리오됴텽이그ᄃᆡ일홈
과덕을ᄉᆞ모ᄒᆞ여벼ᄉᆞᆯ노그ᄃᆡᄅᆞᆯ기ᄃᆞ리니맛당
이우ᄒᆞ로지괴ᄅᆞᆯ밧들고아래로ᄌᆞ손을위ᄒᆞ여
신명이완전ᄒᆞ면ᄯᅩᄒᆞᆫ아ᄅᆞᆷ답디아니ᄒᆞ랴그ᄃᆡ
이제수년을니디아니ᄒᆞ니됴텽이싀긔ᄒᆞ고의
심ᄒᆞ여흉홰반ᄃᆞ시니ᄅᆞ리니이ᄂᆞᆫ니ᄒᆞᆫ계ᄭᅬ아

니니라업이탄식ᄒᆞ여ᄀᆞᆯ오ᄃᆡ위티ᄒᆞᆫ나라ᄒᆡᄂᆞᆫ드러가디아니ᄒᆞ고어즈러온나라ᄒᆡᄂᆞᆫ사디아니ᄒᆞᆫ다ᄒᆞᄂᆞ니내엇디벼ᄉᆞᆯ을탐ᄒᆞ여블의ᄅᆞᆯ조ᄎᆞ리오ᄉᆞ재업이굴티아니ᄒᆞ믈보고ᄀᆞᆯ오ᄃᆡ맛당이집안사ᄅᆞᆷ과의논ᄒᆞ여보라업이ᄀᆞᆯ오ᄃᆡ댱뷔ᄆᆞᄋᆞᆷ의결단ᄒᆞ연디오란디라엇디쳐ᄌᆞ와ᄡᅵᄒᆞ리오ᄒᆞ고드ᄃᆡ여독약을먹고죽으니라

嵇紹衛帝
晉

嵇紹譙國人官侍中太弟穎僭侈日甚大失衆望司空東海王越等謀討之奉惠帝北征徵紹詣行在侍中秦準謂紹曰今日向難卿有佳馬乎紹正色曰臣子扈衛乘輿死生以之佳馬何爲穎遣石超帥衆五萬拒戰超軍奄至乘輿敗績於蕩陰帝傷頰中三矢百官侍御皆散紹朝服下馬登輦以身衛帝兵人引紹於轅中斫之帝曰忠臣也勿殺對曰奉太弟令惟不犯陛下一人耳遂殺紹血濺帝衣左右欲浣之帝曰此嵇侍中血勿浣也

〔詩〕肅奉天威討亂臣肯論生死故〔逡巡〕蕩陰敗績

羣僚散獨被朝衣衛帝身　殺身終是要成仁千古忠貞見一人血濺御衣仍勿浣按圖誰不爲酸辛

ᄒᆡ쇼ᄂᆞᆫ딘나라쵸국사ᄅᆞᆷ이니시듕벼ᄉᆞᆯ을ᄒᆞ엿더니이ᄯᅢ에태뎨영(딘혜뎨아이라)이반역ᄒᆞ니모든신해혜뎨ᄅᆞᆯ밧드러영을틸ᄉᆡᄒᆡ쇼ᄯᅩᄒᆞᆫ님군을뫼셧더니시듕진쥰이쇼ᄃᆞ려닐러ᄀᆞᆯ오ᄃᆡ오ᄂᆞᆯ난을당ᄒᆞ니그ᄃᆡ됴ᄒᆞᆫᄆᆞᆯ이잇ᄂᆞ냐쇠뎡셕ᄒᆞ고ᄀᆞᆯ오ᄃᆡ신ᄌᆡᄉᆞᄉᆡᆼ으로님군을호위ᄒᆞᆯ디라됴ᄒᆞᆫᄆᆞᆯ을무엇ᄒᆞ리오ᄒᆞ더라영이댱슈ᄅᆞᆯ보내여마자ᄡᅡ

홀ᄉᆡ영의군ᄉᆡ불의에니르니황뎨대패ᄒᆞ여ᄂᆞᆺ
치세살을맛고ᄇᆡᆨ관이다흐터디되쇠홀로됴복
으로몰게ᄂᆞ려황뎨ᄃᆞ신술위에올라몸으로ᄡᅥ
뎨를ᄀᆞ리오니영의군ᄉᆡ술위가온대셔쇼를잡
아내여벽으니뎨ᄀᆞᆯ오ᄉᆞ샤ᄃᆡ이는튱신이라죽이
디말라군ᄉᆡᄀᆞᆯ오ᄃᆡ태뎨의녕을바다시니폐하
ᄒᆞᆫ사ᄅᆞᆷ만범티아니ᄒᆞ리이다ᄒᆞ고쇼를죽이니
피ᄠᅱ여뎨의오ᄉᆡ젓더라후에좌우뎨의오ᄉᆞᆯᄲᆡᆯ
고져ᄒᆞᆫ대뎨ᄀᆞᆯ오ᄉᆞ샤ᄃᆡ혜시듕의피니ᄲᆡ디말라
ᄒᆞ시다

卞門忠孝
晉

卞壼濟陰人官尚書令蘇峻舉兵反陷姑孰濟自横江臺兵屢敗成帝詔壼都督大桁東諸軍及峻戰于西陵大敗峻攻青溪柵壼又拒擊峻因風縱火燒臺省諸營皆盡壼背癰新愈瘡猶未合力疾苦戰而死二子眕盱隨之亦赴敵死眕母撫二子尸哭曰父爲忠臣汝爲孝子夫何恨乎贈侍中驃騎將軍開府儀同三司謚曰忠貞祠以太牢

詩 強臣跋扈濟横江屢敗臺兵犯大邦新愈癰疽瘡未合傾身苦戰死無雙

一門忠孝兩能全二子賢名孰比肩贈謚褒崇祠太牢輝光靑史至今

傳

변곤은딘나라졔음사ᄅᆞᆷ이니샹셔령벼ᄉᆞᆯᄒᆞ엿더니소쥰이반ᄒᆞ여고슉ᄯᅡᄒᆞᆯ함몰ᄒᆞ고횡강을건너니도셩군시여러번패ᄒᆞ거ᄂᆞᆯ뎐지곤을명ᄒᆞ여졔군을거ᄂᆞ려쥰으로더브러셔릉의셔ᄡᅡ호다가크게패ᄒᆞ고ᄯᅩ청계칙의셔ᄡᅡ홀시쥰이ᄇᆞ람을인ᄒᆞ여블을노화ᄃᆡ셩(셔울마을이라)과여러영을다ᄉᆞ로니이새에곤이등창이새로나아오히려낫디못ᄒᆞ엿더니병을강잉ᄒᆞ여힘ᄡᅥᄡᅡ호다가죽거ᄂᆞᆯ두아ᄃᆞᆯ진과위젹진의ᄃᆞ라드러ᄒᆞᆷᄭᅴ죽

으니진의어미두아ᄃᆞᆯ의죽엄을어ᄅᆞ묘지며우
러ᄀᆞᆯ오ᄃᆡ아비ᄂᆞᆫ튱신이되고녀ᄂᆞᆫ효ᄌᆞ되니므
어ᄉᆞᆯ흔ᄒᆞ리오나라히시듕표긔장군긔부의동
삼ᄉᆞ벼ᄉᆞᆯ을류증ᄒᆞ고시호ᄒᆞ여ᄀᆞᆯ오ᄃᆡ튱졍이
라ᄒᆞ고태뢰로졔ᄒᆞ니라

桓彝致死
晉

桓彝譙國人爲宣城內史蘇峻襲陷姑孰彝欲起兵
赴朝長史裨惠以郡兵寡弱山民易擾宜且按甲以
待彝厲色曰見無禮於其君者若鷹鸇之逐鳥雀今
社稷危逼義無晏安乃遣將討賊別帥於蕪湖破之
彝尋出石頭聞王師敗績慷慨流涕進屯涇縣惠又
勸彝與峻通使以紓交至之禍彝曰吾受國厚恩義
在致死焉能忍恥與醜逆通和如其不濟此則命也
彝遣將軍俞縱守蘭石峻遣將韓晃攻之縱將敗左
右勸退軍縱曰吾受桓侯厚恩當以死報吾之不可
負桓侯猶桓侯之不負國也遂力戰而死晃遂進軍

城陷執彛殺之

〔詩〕心期掃賊愧迍邅成敗曾將命付天兪繼感恩終死報桓侯眞箇以身先　賊勢強梁莫可捿官軍寡弱奈如何繼然死敵人臣分節義堅貞問幾多

환이ᄂᆞᆫ던나라쵸국사ᄅᆞᆷ이니션셩ᄂᆡᄉᆞ벼ᄉᆞᆯ을ᄒᆞ엿더니소쥰이고슉싸흘함몰ᄒᆞ니환이군ᄉᆞᄅᆞᆯ니르혀도셩을구원ᄒᆞ려ᄒᆞ니휘하사ᄅᆞᆷ이간ᄒᆞ여ᄀᆞᆯ오ᄃᆡ우리군셰과약ᄒᆞ고산군ᄇᆡᆨ셩이요동키쉬오니아직군ᄉᆞᄅᆞᆯ머므러기ᄃᆞ리라ᄒᆞᆫ대환이뎡식ᄒᆞ고ᄀᆞᆯ오ᄃᆡ님군긔무례ᄒᆞᆫ쟈ᄅᆞᆯ보거든매가새ᄅᆞᆯᄧᅩᆺ듯ᄒᆞᄂᆞ니아제샤직이위ᄐᆡᄒᆞ믈보고엇디평안이안자시리오ᄒᆞ고이에댱슈ᄅᆞᆯ보내여적쟝을텨무호에셔파ᄒᆞ고환이셕두셩으로나오다가나라군ᄉᆞ패ᄒᆞ믈듯고강개ᄒᆞ여눈믈을흘리며군ᄉᆞᄅᆞᆯ나와경현ᄯᅡ히ᄒᆞ던쳐디니혹이권ᄒᆞ여소쥰으로더브러화친ᄒᆞ라ᄒᆞᆫ대환이ᄀᆞᆯ오ᄃᆡ내국은을닙어시니의맛당이죽을디라엇디붓그러오믈ᄎᆞ마역적과교통ᄒᆞ리오비록죽으나이ᄯᅩᄒᆞᆫ명이라ᄒᆞ고쟝군유죵을보내

여빠화ᄯᅩ패ᄒᆞ니좌위죵을권ᄒᆞ여믈러나라효
대죵이골오ᄃᆡ내환공의ᄯᅳᆺ터온은혜ᄅᆞᆯ닙어시
니맛당이죽으므로갑흘디라내환공을져ᄇᆞ리
디아니ᄒᆞ믄곳환공의나라흘져ᄇᆞ리디아님마
ᄐᆞ니라ᄒᆞ고드ᄃᆡ여빠화죽으니적장이군을나
와셩을파ᄒᆞ고환이ᄅᆞᆯ잡아죽이다

顏袁罵賊
唐

顏杲卿瑯琊人蔭調遷范陽叅軍安祿山聞其名表
爲營田判官假常山太守祿山反杲卿力不能拒與
長史袁履謙往迎之祿山賜杲卿紫袍杲卿途中指
衣謂履謙曰何爲著此履謙悟其意謀討祿山遂起
兵守備未完祿山將史思明蔡希德引兵至城下杲
卿晝夜拒戰糧盡矢竭城遂陷賊執杲卿履謙等送
洛陽祿山數之曰我擢爾太守何負而反杲卿瞋目
罵曰汝本營州牧羊羯奴天子擢汝爲三道節度使
恩幸無比何負於汝而反我世爲唐臣雖爲汝所奏
豈從汝反邪我爲國討賊恨不斬汝何謂反也臊羯

狗何不速殺我祿山大怒幷履謙縛而剮之二人比
死罵不絶口顔氏死者三十餘人
詩 杲卿忠義上天知金紫光華志豈移賴有履謙
能悟意同心報國任身危 欲討姦兇起義兵力
窮城陷竟無成忠肝激烈剮猶罵靑史昭垂不朽
名
안고경은당나라낭야사ᄅᆞᆷ이니범양참군벼ᄉᆞᆯ
을ᄒᆞ엿더니안녹산이그일홈을듯고됴뎡에쳥
ᄒᆞ여샹산태슈를ᄒᆞ엿더니녹산이반ᄒᆞ매고경
이능히막디못ᄒᆞ여쟝ᄉᆞ원니겸으로더브러거

ᄌᆞᆺ녹산을마즈니녹산이불근오ᄉᆞᆯ수거ᄂᆞᆯ고경
이바다넙고가다가듕노에셔오ᄉᆞᆯᄀᆞᄅᆞ치며니
겸ᄃᆞ려날려ᄀᆞᆯ오ᄃᆡ엇더ᄒᆞ여이오ᄉᆞᆯ넙엇ᄂᆞ、뇨
니겸이아라듯ᄂᆞᆫ디라드ᄃᆡ여ᄒᆞᆫ가지로쐬ᄒᆞ여
군ᄉᆞᄅᆞᆯ니르혀녹산을티려ᄒᆞᆫ대녹산이댱슈ᄅᆞᆯ
보내여셩을티거ᄂᆞᆯ고경이듀야로ᄡᅡ화냥식과
살이진ᄒᆞ여셩이함몰ᄒᆞ니적쟝이고경과니겸
을잡아녹산의게보내니녹산이수죄ᄒᆞ여ᄀᆞᆯ오
ᄃᆡ내일즉너ᄅᆞᆯ쳔거ᄒᆞ여벼ᄉᆞᆯ을ᄒᆞ엿거ᄂᆞᆯ엇디
날을반ᄒᆞᄂᆞᆫ다고경이눈을부릅ᄯᅳ고ᄭᅮ지저ᄀᆞᆯ

오ᄃᆡ 네 본ᄃᆡ 영쥬에 양 먹이ᄂᆞᆫ 오랑캐로 뎐ᄌᆡ 너ᄅᆞᆯ 삼도졀도ᄉᆞᄅᆞᆯ ᄒᆞ이시고 은툥이 비홀ᄃᆡ 업ᄉᆞ니 네게 무어ᄉᆞᆯ 져ᄇᆞ렷관ᄃᆡ 반ᄒᆞᄂᆞᆫ다 나ᄂᆞᆫ ᄃᆡᄃᆡ로 당나라 신해라 비록 네 쳔거ᄒᆞᆫ 배 되나 엇디 너ᄅᆞᆯ 조차 반ᄒᆞ리오 내 나라ᄒᆞᆯ 위ᄒᆞ여 도적을 티매 너ᄅᆞᆯ 버히디 못ᄒᆞᆫ 줄을 ᄒᆞᆫᄒᆞ노니 엇디 ᄒᆞ여 날ᄃᆞ려 반ᄒᆞᆫ다 ᄒᆞᄂᆞᆫ다 비린내 나ᄂᆞᆫ 개 ᄆᆞᄐᆞᆫ 놈아 ᄲᆞᆯ리 날을 죽이라 ᄒᆞᆫ대 녹산이 대노ᄒᆞ여 고경과 니겸을 결박ᄒᆞ여 ᄉᆡᆨ가 죽이니 두 사ᄅᆞᆷ이 죽기에 니ᄅᆞᄃᆞ록 ᄭᅮ짓기ᄅᆞᆯ 그치디 아니ᄒᆞ고 안시에 졀ᄉᆞᄒᆞᆫ

재삼십여 인이러라

張許死守
唐

張巡鄧州人許遠新城人祿山將尹子琦寇睢陽遠
告急於巡巡自寧陵引兵入與遠晝夜苦戰一日或
二十合遠謂巡曰遠請爲公守公爲遠戰子琦復徵
兵數萬城中食盡人廩米日一合雜以茶紙樹皮議
棄城東走巡遠謀曰睢陽江淮之保障若棄去賊必
乘勝長驅是無江淮也且我衆饑羸走必不達不如
堅守茶紙既盡遂食馬馬盡羅雀掘鼠巡殺其所愛
妾以饗士賊登城將士病不能戰巡西向拜曰臣力
竭矣生既無以報死當爲厲鬼以殺賊城陷巡被執
子琦曰聞公督戰大呼輒眦裂血面嚼齒皆碎何至

是巡曰吾欲氣吞逆賊顧力屈耳子琦怒以刀抉其口巡罵曰我爲君父死爾附賊乃犬彘也賊以刃脅降終不屈并南霽雲雷萬春等皆被害生致遠於洛陽至偃師亦不屈死

詩 賊寇睢陽勢甚張將軍戰守保危亡城中食盡飢羸極西向陳辭出肺腸 二公忠膽自相符壯節巍巍烈丈夫欲保江淮同固守力窮城陷竟捐軀

쟝슌은당나라등쥬사룸이오허원은신셩사룸이니안녹산의당슈윤조긔슈양고을을티거늘

이쌔원이슈양을딕흰디라쟝슌의게구원ᄒᆞ믈
청ᄒᆞᆫ대슌이군ᄉᆞᄅᆞᆯ거ᄂᆞ려슈양셩듕의드러허
원으로더브러도적을막을셔듀야로힘ᄡᅥᄡᅡ화
ᄒᆞ로수십합을ᄡᅡ호니셩듕의냥식이진ᄒᆞ야날
마다ᄡᆞᆯᄒᆞᆫ홉과차ᄡᅡᆺ던됴희와나무거플을섯거
먹ᄂᆞᆫ디라혹이권ᄒᆞ야셩을ᄇᆞ리고ᄃᆞ라나라ᄒᆞᆫ
대두사ᄅᆞᆷ이ᄌᆞᆯ오ᄃᆡ슈양은강회에듕ᄒᆞᆫᄯᅡ히니
슈양을ᄇᆞ리면도적이반ᄃᆞ시이긔믈인ᄒᆞ여기
리모라드러올거시니이러면강회ᄅᆞᆯ다ᄇᆞ리미
오ᄯᅩ우리군ᄉᆡ주리고병드니엇디ᄃᆞᄅᆞ리오ᄒᆞ

고곳이ᄃᆡ희너먹을거시진ᄒᆞ매ᄆᆞᆯ을잡으며ᄆᆞᆯ
이진ᄒᆞ매새와쥐ᄅᆞᆯ잡아먹다가슌이그ᄉᆞ랑ᄒᆞ
ᄂᆞᆫ쳡을죽여군ᄉᆞᄅᆞᆯ먹이고륭의로ᄡᅥᄉᆞ졸을겨
동ᄒᆞ니ᄒᆞ나토반ᄒᆞᆯᄠᅳ지업더라도적이급히티
니댱ᄉᆡ다병들어ᄲᅡ호ᄃᆡ못ᄒᆞᄂᆞᆫ디라슌이셔향
ᄌᆡ비ᄒᆞ야ᄀᆞᆯ오ᄃᆡ신이힘이진ᄒᆞ엿ᄂᆞᆫ디라사라
셔나라ᄒᆞᆯ갑디못ᄒᆞ오니죽어맛당이모딘귀신
이되여도적을죽이리이다ᄒᆞ고셩이함몰ᄒᆞ매
두사ᄅᆞᆷ이잡히이니ᄌᆞ긔슌ᄃᆞ려ᄀᆞᆯ오ᄃᆡ드ᄅᆞ니
공이ᄲᅡ홀제크게소ᄅᆡᄒᆞ면눈ᄌᆞ이ᄧᅴ여디고ᄂᆞᆺ

치피나며너를마라다ᄇᆞ아디더라ᄒᆞ니엇디그
대도록ᄒᆞᄂᆞ뇨슌이졸오ᄃᆡ내역적을ᄒᆞᆫ입에ᄉᆞᆷ
키고져ᄒᆞ오ᄃᆡ힘이굴ᄒᆞ엿노라ᄒᆞᆫ대ᄌᆞ긔노ᄒᆞ여
칼로슌의입을씌치니슌이ᄭᅮ지저졸오ᄃᆡ나ᄂᆞᆫ
님군을위ᄒᆞ여죽거니와너ᄂᆞᆫ도적을븟조ᄎᆞ니
이ᄂᆞᆫ개돗과ᄒᆞᆫ가지로다도적이협박ᄒᆞ여항복
바드려ᄒᆞ거ᄂᆞᆯ종시굴티아니ᄒᆞ고죽으니이섀
남졔운과뇌만츈두사ᄅᆞᆷ이사로잡혀죽고허원
은녹산의게잡혀가다가언ᄉᆞ싸희니르려ᄯᅩᄒᆞᆫ
굴치아니ᄒᆞ고죽으니라

五倫行實圖 卷二 忠臣 三十四

張興束鹿人爲饒陽裨將祿山反攻饒陽興嬰城固
守彌年不下滄趙已陷史思明引衆傅城外救俱絕
城陷思明縛之馬前好謂曰將軍眞壯士能與我共
富貴乎興曰興唐之忠臣固無降理今數刻之人耳
願一言而死思明曰云何興曰天子待祿山恩如父
子羣臣莫及不知報德乃興兵指闕塗炭生人大丈
夫不能剪除兇逆反爲其下哉且足下所以從賊求
富貴耳譬如燕巢于幕豈能久安何如乘間取賊轉
禍爲福長享富貴不亦美乎思明怒鋸解之罵不絕
口以至于死

(詩)彌年不下守孤城併力攻圍勢已傾自謂固無降賊理是知眞箇丈夫情、被執纔餘數刻生君臣大義說分明身膏鋸上忠肝裂罵賊終然不絕聲

쟝흥은당나라속녹사ᄅᆞᆷ이니요양고을비쟝이되엿더니안녹산이반ᄒᆞ여요양을티니흥이셩을구디딕희여오래항복디아니ᄒᆞ더니녹산의댱슈ᄉᆞᄉᆞ명이군ᄉᆞᄅᆞᆯ거ᄂᆞ려요양을에워ᄡᆞ니셩이젹고구병이오디아니ᄒᆞᆫ디라ᄉᆞ명이셩을파ᄒᆞ고흥을사로잡아다래여ᄀᆞᆯ오ᄃᆡ쟝군은

ᄎᆞᆷ쟝셔라우리와부귀ᄅᆞᆯᄒᆞᆫ가지로ᄒᆞ면엇더ᄒᆞ
뇨흥이ᄀᆞᆯ오ᄃᆡ나ᄂᆞᆫ당나라튱신이라항복ᄒᆞᆯ리
업거니와내명이시각에이시니원컨대ᄒᆞᆫ말만
ᄒᆞ고죽으리라ᄉᆞ명이ᄀᆞᆯ오ᄃᆡ무ᄉᆞᆷ말고흥이ᄀᆞᆯ
오ᄃᆡ텬ᄌᆡ녹산을ᄃᆡ졉ᄒᆞ시매은혜부ᄌᆞᄀᆞᄐᆞ여
군신이미ᄎᆞ리업거ᄂᆞᆯ녹산이은혜갑ᄒᆞᆯ줄을모
로고감히군ᄉᆞᄅᆞᆯ니ᄅᆞ혀나라ᄒᆞᆯ범ᄒᆞ여셩민을
도탄ᄒᆞ니대댱뷔능히흉적을버히디못ᄒᆞ고도
로혀그신해되랴네도적을좃ᄎᆞᆷ은부귀ᄅᆞᆯ구ᄒᆞ
미어니와비컨대져비쟝막에깃드림ᄀᆞᄐᆞ니엇

디오래평안ᄒᆞ리오네승간ᄒᆞ여도적을잡으면
홰도로혀복이되여부귀를기리누릴거시니ᄯᅩ
효아름답디아니ᄒᆞ랴ᄉᆞ명이대노ᄒᆞ여흉을톱
으로혀죽이니죽도록ᄭᅮ짓기를긋치디아니ᄒᆞ
더라

五倫行實圖
秀實奪笏
唐

段秀實汧陽人朱泚反以秀實久失兵必恨憤且素有人望遣騎召之秀實與子弟訣而往見泚曰犒賜不豐有司之過天子安得知之宜以此諭將士迎乘輿泚不悅秀實與將吏謀誅泚未發泚遣韓旻將兵迎駕實襲奉天秀實曰事急矣乃詐爲姚令言符令旻且還謂同謀曰旻還吾屬無類矣我當直搏泚殺之不克則死使劉海賓等陰結死士爲應旻至泚大驚召李忠臣源休及秀實等議稱帝秀實勃然起奪休象笏前唾泚面大罵曰狂賊吾恨不斬汝豈從汝反邪以笏擊泚中額流血衊面忠臣助泚泚得脫走

秀實謂泚黨曰我不同汝反何不殺我衆爭殺之

詩 姚符詐作問何緣爲遏旻軍襲奉天扞衛于艱功不細芳名千載孰居先　黨惡崇姦寔有徒勃然抽笏便忘軀形骸縱被人爭殺徇國忠誠竟不渝

단슈실은당나라견양사ᄅᆞᆷ이니쥬ᄌᆡ반ᄒᆞ매슈실이본ᄅᆡ인망이잇고이새오래병권을일허반드시됴뎡을원망ᄒᆞ리라ᄒᆞ여군ᄉᆞᄅᆞᆯ보내여브르니슈실이집사ᄅᆞᆷ으로더브러영결ᄒᆞ고가쥬ᄌᆞᄅᆞᆯ보아의리로ᄀᆡ유ᄒᆞ여텬ᄌᆞᄅᆞᆯ마ᄌᆞ라ᄒᆞᆫ대쥬쟈듯지아니ᄒᆞ거ᄂᆞᆯ슈실이댱니로뎌브러쥬ᄌᆞ죽이기ᄅᆞᆯ꾀ᄒᆞ더니쥬쟈댱슈ᄅᆞᆯ보ᄂᆡ여군ᄉᆞᄅᆞᆯ거ᄂᆞ려대가ᄅᆞᆯ마즈라ᄒᆞ니기실은봉텬(덕종황뎨 쥬ᄌᆞ반ᄒᆞᆯ제피란ᄒᆞᆫ디명이라)을엄습ᄒᆞ랴ᄂᆞᆫ계괴라슈실이ᄀᆞᆯ오ᄃᆡ일이급ᄒᆞᆫ디라ᄒᆞ고이에거즛요령언(쥬ᄌᆞ의당이라)의병부ᄅᆞᆯᄒᆞ여가ᄂᆞᆫ댱슈ᄅᆞᆯ도로블너도라오니쥬쟈크게놀나니튱신원휴와슈실을블너황뎨일ᄏᆞᆺ기ᄅᆞᆯ의논ᄒᆞᆫ대슈실이블연이니러나원휴의가진홀을아사ᄌᆞ의ᄂᆞᆺ치춤밧고크게ᄭᅮ지저ᄀᆞᆯ오ᄃᆡ미친도적놈아내너ᄅᆞᆯ버히지못ᄒᆞᄂᆞᆫ줄을ᄒᆞᆫ

ᄒᆞ노니엇디너ᄅᆞᆯ조차반ᄒᆞ리오ᄒᆞ고홀로ᄌᆞᄅᆞᆯ
ᄡᅡ려니마ᄅᆞᆯ마치매피흘녀ᄂᆞᆺ치ᄆᆞ득ᄒᆞᆫ디라니
륭신이쥬ᄌᆞᄅᆞᆯ구ᄒᆞ여ᄃᆞ라나니슈실이ᄌᆞ의당
ᄃᆞ려닐너골오ᄃᆡ내너희와ᄀᆞᆺ치반치아니ᄒᆞ니
날을죽이라ᄒᆞᆫ대모ᄃᆞᆫ도적이ᄃᆞ토아죽이니라

演芬快死
唐

石演芬本西域胡人事李懷光至都將尤親信畜爲假子懷光軍三橋將與朱泚連和演芬使客部成義到行在言懷光無破賊意請罷其總統成義走告懷光子璀懷光召演芬罵曰爾爲我子奈何欲破吾家今日負我宜卽死對曰天子以公爲股肱公以我爲腹心公乃負天子我何不負公且我胡人無異心惟知事一人不呼我爲賊死固吾分懷光使士臠食之皆曰烈士也可令快死以刀斷其頸德宗聞之贈兵部尙書賜其家錢三百萬斬成義於朔方

〔詩〕將軍摠統擅兵機與賊連和國事非唯有胡人

無異志冀陳行在反相違　公負君王我負公惟知事上竭孤忠竟遭斷頸能全節千載爭欽烈士風

셕연분은당적셔역사ᄅᆞᆷ이니절도ᄉᆞ니회광이ᄉᆞ랑ᄒᆞ여양ᄌᆞᄅᆞᆯ삼앗더니회광이쟝ᄎᆞ역적쥬ᄌᆞ로더브러년화ᄒᆞ랴ᄒᆞᆯᄉᆡ연분이ᄀᆞ만이그ᄯᅳᆺ으로ᄡᅥ뎐ᄌᆞᄅᆡ고ᄒᆞ니회광이알고연분을블러ᄭᅮ지저ᄀᆞᆯ오ᄃᆡ네내아ᄃᆞᆯ이되여셔이제나ᄅᆞᆯ져ᄇᆞ려우리집을망ᄒᆞ려ᄒᆞᄂᆞᆫ다분이ᄀᆞᆯ오ᄃᆡ뎐ᄌᆞᄂᆞᆫ공으로ᄡᅥ고핑을삼고공은날로ᄡᅥ심복을삼

앗ᄂᆞ니공이ᄎᆞ마텬ᄌᆞᄅᆞᆯ비반ᄒᆞ니내엇디공을
져ᄇᆞ리디아니ᄒᆞ리오나ᄂᆞᆫ오직ᄒᆞᆫ님군만아노
니나ᄂᆞᆫ역적이아니니죽어도ᄒᆞᆫ이업ᄉᆞ리로다
ᄒᆞᆫ대회광이군ᄉᆞ로ᄒᆞ여곰분을ᄡᅳ저먹으라ᄒᆞ
니다ᄅᆞᆯ오ᄃᆡᄇᆞᆯ시라수이죽게ᄒᆞ쟈ᄒᆞ고몬져목
을버히니텬지드ᄅᆞ시고분을병부샹셔ᄅᆞᆯ류증
ᄒᆞ고돈삼ᄇᆡᆨ만을그집의주시다

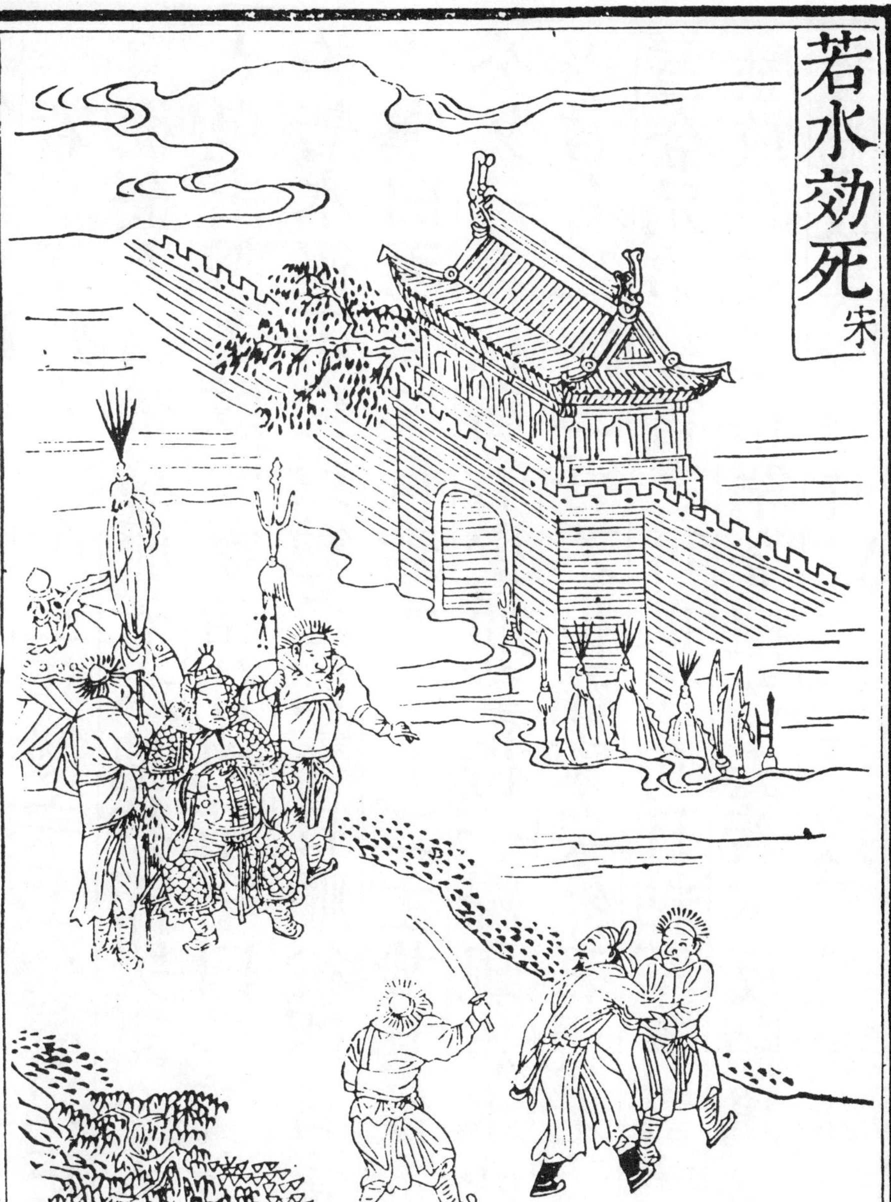
若水効死
宋

李若水洺州人靖康三年徽宗至金營以吏部侍郎扈從金人逼帝易服若水抱持而哭詆金人爲狗金人曳出擊之敗面氣結仆地粘罕曰必使李侍郞無恙若水絶不食或勉之曰今日順從明日富貴矣若水嘆曰天無二日若水寧有二主哉其僕亦慰解曰公父母春秋高若少屈冀得一歸覲若水叱曰忠臣事君有死無二吾不復顧家矣然吾親老汝歸勿遽言令兄弟徐言之可也後旬日粘罕召計事若水因歷數而罵之粘罕令擁之去若水反顧罵益甚監軍者撾破其脣噀血罵愈切至以刃裂頸斷舌而死臨

死歌曰矯首問天兮天卒不言忠臣効死兮死亦何愆

詩 胡兵逼帝易黃衣吏部哀號獨抱持矯首問天天不語臨終一曲最堪悲 雙親已老勢阽危何不將身少屈爲縱使順從明日貴歲寒高節孰能移

니약슈ᄂᆞᆫ송나라명쥬사ᄅᆞᆷ이니졍강(송흠종대년호라)삼년에휘종황뎨금인(오랑캐라)의게잡히여가니이새에약슈니부시랑벼ᄉᆞᆯ로황뎨ᄅᆞᆯ뫼시고갓더니금인이뎨ᄅᆞᆯ핍박ᄒᆞ여황포ᄅᆞᆯ벗기고쳥의ᄅᆞᆯ밧

고아넙히려ᄒᆞ거ᄂᆞᆯ약쉬톄ᄅᆞᆯ안고울며금인을
개라고샤지존대금인이약슈ᄅᆞᆯ셔어내여어즈
러이더ᄂᆞᆺ치새여다고긔절ᄒᆞ여ᄯᅡ히업더니
금당슈졈한이날오ᄃᆡ니시랑을죽이디말라ᄒᆞ
니약쉬밥을먹디아니ᄒᆞ고죽고져ᄒᆞᆫ대혹이권
ᄒᆞ야ᄀᆞᆯ오ᄃᆡ오ᄂᆞᆯ뎌ᄅᆞᆯ슌종ᄒᆞ면닉일부귀ᄒᆞ리
라약쉬탄식ᄒᆞ여ᄀᆞᆯ오ᄃᆡ하ᄂᆞᆯ에두날이업ᄂᆞ니
내엇디두님군이이시리오ᄒᆞ니약슈의종이ᄯᅩ
ᄒᆞᆫ프러닐오ᄃᆡ공의부뫼나히늙어시니져기굴
ᄒᆞ여사라도라가미엇더ᄒᆞ뇨약쉬샤지저ᄀᆞᆯ오

ᄃᆡ튱신이님군을셤기매죽어도두ᄆᆞᄋᆞᆷ이업ᄂᆞ
니내다시집을도라보디못ᄒᆞ노라그러나내어
버이늙으시니네도라가내죽ᄂᆞᆫ줄을급히ᄉᆞᆲ디
말고내형뎨로ᄒᆞ여곰죵용히고ᄒᆞ게ᄒᆞ라후에
뎜한이약슈를불러일을의논ᄒᆞ거ᄂᆞᆯ약쉬인ᄒᆞ
여수죄ᄒᆞ여ᄭᅮ지ᄌᆞ니잡아ᄂᆞ리워그입을ᄭᅢ
치거ᄂᆞᆯ약쉬피를ᄲᅮᆷ으며더욱ᄭᅮ지ᄌᆞᆫ대칼로ᄲᅧ
목을ᄲᅧ고혀를버혀죽이니약쉬죽기를님ᄒᆞ여
노래ᄒᆞ여ᄀᆞᆯ오ᄃᆡ마리를드러하ᄂᆞᆯ긔무ᄅᆞ미여
하ᄂᆞᆯ이ᄆᆞᄎᆞᆷ내말을아니ᄒᆞ시ᄂᆞᆫᄯᅩ다튱신이죽

으믈날위미여 죽은들쇼흔무숨죄리오흐더라

劉韐捐生
宋

劉韐崇安人使金營金人館之僧舍其僕射韓正謂之曰國相知君今用君矣韐曰偷生以事二姓有死不爲也正曰軍中議立異姓欲以君爲正代得以家屬行與其徒死不若北去取富貴韐仰天大呼曰有是乎歸書片紙曰金人不以予爲有罪而以予爲可用夫貞女不事二夫忠臣不事二君況主辱臣死此予所以必死也使親信持歸報其子子羽等卽沐浴更衣酌卮酒而縊金人歎其忠瘞之寺西岡上遍題窓壁以識其處凡八十日乃就斂顏色如生

詩 劉公奉使沒胡塵就彼浮丘已八旬顏色如生

良有以須知忠義格蒼旻 捐軀殉國是丹忱豈肯偷生事彼金賊歎忠誠埋瘞謹固知狂虜亦人心

뉴합은송나라숑안사ᄅᆞᆷ이니금나라의ᄉᆞ신갓더니금나라졍승이합을머믈너벼솔ᄒᆞ이고져ᄒᆞ거ᄂᆞᆯ합이ᄌᆞᆯ오ᄃᆡ살기ᄅᆞᆯ도모ᄒᆞ여두셩을셤기믄죽어도못ᄒᆞ리로다ᄒᆞᆫ대ᄯᅩ여러번부귀로뼈다래거ᄂᆞᆯ합이하ᄂᆞᆯ을우러러크게브ᄅᆞ고됴희에글을뻐ᄌᆞᆯ오ᄃᆡ녈녀ᄂᆞᆫ두지아비ᄅᆞᆯ셤기디아니ᄒᆞ고튱신은두님군을셤기디아니ᄒᆞᄂᆞ니

ᄒᆞ믈며님군이욕되매신해맛당이죽으리라ᄒᆞ
고ᄡᅳ기ᄅᆞᆯᄆᆞᄎᆞ매사ᄅᆞᆷ으로ᄒᆞ여곰도라가그아
돌의게젼ᄒᆞ라ᄒᆞ고즉시목욕ᄒᆞ고오ᄉᆞᆯ마라닙
고술부어먹고목ᄆᆡ여죽으니금인이그튱셩을
탄식ᄒᆞ여합의머므러션졀셔편언덕에뭇고창
과벽의두로글을ᄡᅥ그곳을긔록ᄒᆞ엿다가팔십
일만에다시내여념습ᄒᆞ니얼골이사라실적ᄀᆞᆺ
더라

五倫行實圖 卷二 忠臣 四十六

傅察孟州人宣和七年爲接伴金國賀正使時金人已渝盟察至燕山聞斡离不入寇或勸其毋遽行察曰銜命以出聞難而止若君命何遂行遇斡离不領兵至曰汝國失信吾興師南向海上之盟不可恃也察曰兩國講好信使往來項背相望何謂失信太子干盟而動意何爲乎虜左右促使拜白刃如林察曰死則死耳豈有倶人臣而輒拜者或抑捽使伏地察愈植立衣冠顚頓終不屈斡离不怒曰爾不拜我邪麾令去察知不免謂其下曰我死必矣我父母老素鍾念我聞之必大戚若等得脫幸記我言以告吾親

知我死國少解其無窮之悲也衆皆泣旣次燕山遂遇害

〔詩〕傅公銜命至燕山聞敵渝盟莫肯還白刃如林終不屈輕生就死自安閑 虜令屈拜立如山抗節孤高不可攀臨死解親無限恨兩全忠孝古來難

부찰은송나라밍쥬사ᄅᆞᆷ이니금국의ᄉᆞ신가더니이새알리불(오랑캐일홈이라)이이믜군ᄉᆞ를니릐혀드러오ᄂᆞᆫ디라혹이권ᄒᆞ여가디말라ᄒᆞ거ᄂᆞᆯ찰이ᄀᆞᆯ오ᄃᆡ군명을밧ᄌᆞ와나오다가엇디난을ᄯᅳᆺ고그치리오ᄒᆞ고드ᄃᆡ여힝ᄒᆞ여길히셔알리불을만나니알리불이부찰ᄃᆞ려닐오ᄃᆡ네나라히실신ᄒᆞ매내군ᄉᆞᄅᆞᆯ니르혀오ᄂᆞ니젼일밍세ᄂᆞᆫ가히밋디못ᄒᆞ리라찰이ᄀᆞᆯ오ᄃᆡ냥국이화친ᄒᆞ여소신이낙역왕닉ᄒᆞᄂᆞᆫ디라네엇디ᄒᆞ여실신ᄒᆞᆫ다ᄒᆞᄂᆞ뇨네밍세ᄅᆞᆯ져ᄇᆞ리고동병ᄒᆞ여오니엇던ᄯᅳ디뇨좌우오랑캐찰ᄃᆞ려절ᄒᆞ라ᄒᆞ고검극이수풀ᄀᆞᄐᆞ니찰이ᄀᆞᆯ오ᄃᆡ죽을디언졍엇디네게절ᄒᆞ리오오랑캐찰을잡아누ᄅᆞ고ᄡᅣᄒᆡ업ᄃᆡ게ᄒᆞ거ᄂᆞᆯ찰이박은ᄃᆞ시셔셔죵시굴티아닌대

알리불이 노ᄒᆞ여잡아내여가라ᄒᆞ니찰이죽으
믈면티못ᄒᆞᆯ줄을알고ᄯᆞ라간사ᄅᆞᆷᄃᆞ려닐오ᄃᆡ
내부뫼날을심히 ᄉᆞ랑ᄒᆞ시니내죽으믈드르시
면반ᄃᆞ시크게셜워ᄒᆞ실거시니네도라가내말
ᄉᆞᆷ으로알외ᄃᆡ나라일에죽으니셜워마ᄅᆞ쇼셔
ᄒᆞ라ᄒᆞ니보ᄂᆞᆫ재아니울니업더니ᄆᆞᄎᆞᆷ내죽인
배되니라

五倫行實圖
邦乂書襟
宋

楊邦乂吉水人建炎三年杜充駐劄建康金人大至
充率麾下降金人濟江逼城董餉使李梲知府陳邦
光皆出降金帥完顏宗弼旣入城梲邦光率官屬迎
拜邦乂時爲通判獨不屈以血大書衣裾曰寧作趙
氏鬼不爲他邦臣宗弼不能屈翼日遣人說邦乂許
以舊官邦乂以首觸柱礎流血曰世豈有不畏死而
可以利動者速殺我宗弼與梲邦光宴堂上立邦乂
于庭邦乂叱梲邦光曰天子以若扞城賊至不能抗
更與共宴樂尚有面目見我乎有劉團練者以幅紙
書死活二字示邦乂曰欲死趣書死字邦乂奮筆書

死字金人相顧動色已而宗彌再引邦乂邦乂不勝憤大罵曰若女眞圖中原天寧久假汝行磔汝萬段安得汙我宗彌大怒殺之

詩 金兵大至建康危杜遁陳降勢不支惟有楊公終不屈巍然壯節是男兒　刺血書襟意自眞寧爲趙鬼不他臣可憐一死全忠節藉藉聲傳億萬春

양방여ᄂᆞᆫ송나라길슈사ᄅᆞᆷ이니건염(송고종대년호라)삼년에금인이크게니ᄅᆞ러건강의드러오니동향ᄉᆞ(군냥동치ᄒᆞᆫᄂᆞᆫ관원이라)니절과건강디부진방광이다나가

항복ᄒᆞ니방예이ᄯᅢ에통판벼ᄉᆞᆯ로잇더니홀로
항복디아니ᄒᆞ고손가락을ᄭᅢ미러피ᄅᆞᆯ내여옷
기ᄉᆡ크게ᄡᅥᄀᆞᆯ오ᄃᆡ출하리송나라귀신이될디
언뎡다ᄅᆞᆫ나라신해되디아니ᄒᆞ리라ᄒᆞ니금댱
쉬능히굴ᄒᆞ게못ᄒᆞ여이튼날사ᄅᆞᆷ으로ᄒᆞ여곰
방예ᄅᆞᆯ다래여ᄀᆞᆯ오ᄃᆡ만일항복ᄒᆞ면젼벼ᄉᆞᆯ을
도로ᄒᆞ리라방예마리로쥬초ᄅᆞᆯ부ᄃᆡ이저ᄀᆞᆯ오
ᄃᆡ엇디죽기ᄅᆞᆯ두려워아니ᄒᆞᄂᆞᆫᄃᆡ가히니로다
래리오날을ᄉᆡᆯ니죽이라ᄒᆞᆫ대금당쉬니절과진
방광으로더브러당우희잔치ᄒᆞ고방예ᄂᆞᆫᄯᅳᆯ아

래셰오니방예방광등을셔지저ᄌᆞᆯ오듸뎐지너
희로ᄒᆞ여곰도적을막으라ᄒᆞ엿거ᄂᆞᆯ도로혀도
적과ᄒᆞᆫ가지로잔치ᄒᆞ고즐기니네무ᄉᆞᆷᄂᆞᆺᄎᆞ로
날을보ᄂᆞᆫ다금인이져근죠희에글ᄌᆞ둘흘ᄡᅥ뵈
나ᄒᆞ나ᄒᆞᆫ죽으리라ᄒᆞᄂᆞᆫᄌᆞ오ᄒᆞ나ᄒᆞᆫ살리라ᄒᆞ
ᄂᆞᆫ지어ᄂᆞᆯ방예부ᄉᆞᆯ드려죽을ᄉᆞᄌᆞᄅᆞᆯᄡᅳ니금인
이서로도라보며차탄ᄒᆞ더니이튼날ᄯᅩ방예ᄅᆞᆯ
ᄭᅳ어드리거ᄂᆞᆯ방예크게셔지저ᄌᆞᆯ오듸하ᄂᆞᆯ이
쟝ᄎᆞᆺ너ᄅᆞᆯ일만조각에죽이실거시니엇디날을
더러일다ᄒᆞᄃᆡ금댱쉬대노ᄒᆞ여죽이니라

五倫行實圖 卷二 忠臣

岳飛涅背 宋

五十二

岳飛相州人忠孝出於天性初從駕渡河留妻養母河北陷沒飛遣人求訪凡十八往返乃獲迎母母喪旣葬廬於墓側御札數四強之而後起飛立志慷慨以必取中原滅讎虜爲己任臨危誓衆或至流涕聞車駕所在未嘗背之而坐自結髮從戎大小百餘戰未嘗敗北高宗賜精忠旗以嘉之秦檜之議和也兀朮遺之書以爲不殺飛和議必不就檜遂決計殺飛使万俟卨何鑄等交章論劾誣飛逗遛棄山陽不守以飛父子與張憲書證其事遂捕飛及其子雲對簿飛爲裂裳示以背涅盡忠報國四字因笑曰皇天后

士可表此心獄久不決檜手書小紙付獄尋報飛死時洪皓在金蠟書馳奏金人所畏服惟飛至以父呼之或呼爺爺諸酋聞其死爲酌酒相賀云

詩奸兇誤國欲和親誓取中原有幾人擧義復讎爲已任岳王忠孝出天眞　盡忠報國出丹誠涅背還應字字明愛養軍兵嚴紀律古今誰得更齊名

악비ᄂᆞᆫ송나라샹쥬사ᄅᆞᆷ이니텬셩이튱효ᄒᆞ여오랑캐난에고종황뎨ᄅᆞᆯ뫼시고남경으로피란ᄒᆞ시안히ᄅᆞᆯ집에두어노모ᄅᆞᆯ봉양ᄒᆞ라ᄒᆞ고갓

더니하븍ᄯᅡ히다오랑캐게함몰ᄒᆞᆫ디라비사ᄅᆞᆷ
을보내여노모ᄅᆞᆯᄎᆞᄌᆞᆯ식열여ᄃᆞᆲ번왕ᄂᆡᄒᆞ여계
요마자왓다가인ᄒᆞ여모상을만나무덤겻ᄒᆡ녀
막ᄒᆞ고잇더니황뎨어찰로여러번부ᄅᆞ시니비
개연히니러나밍세코오랑캐ᄅᆞᆯ멸ᄒᆞ고듕원을
흥복ᄒᆞ려ᄒᆞ여등에진튱보국네글ᄌᆞᄅᆞᆯ삭이고
ᄡᅡ홈마다이긔여향ᄒᆞᆫ바에ᄃᆡ뎍ᄒᆞ리업ᄂᆞᆫ디라
텬ᄌᆞ아ᄅᆞᆷ다이너기샤긔우히졍튱이라두ᄌᆞᄅᆞᆯ
크게ᄡᅥ주시니오랑캐악비의긔ᄅᆞᆯ보면다ᄃᆞ라
나더라이ᄣᆡ에승샹진회오랑캐와화친ᄒᆞᆯ의논

을쥬쟝ᄒᆞᆯ시 오랑캐진회의게 ᄀᆞ만이통ᄒᆞ여악
비ᄅᆞᆯ죽여야화친이되리라ᄒᆞᆫ대진회악비죽이
기ᄅᆞᆯ도모ᄒᆞ여ᄃᆡ간으로ᄒᆞ여곰샹소ᄒᆞ여비ᄅᆞᆯ
무함ᄒᆞ고부ᄌᆞᄅᆞᆯ다잡아오니비오ᄉᆞᆯ버서등에
삭인글ᄌᆞᄅᆞᆯ뵈며우서골오ᄃᆡ텬디이ᄆᆞ음을아
ᄅᆞ시리라ᄒᆞ니진회거즛됴셔ᄅᆞᆯ민ᄃᆞ라옥에가
도앗다가죽이니텬하사ᄅᆞᆷ이아니슬허ᄒᆞ리업
고오랑캐ᄂᆞᆫ서로하례ᄒᆞ더라

尹穀赴池
宋

尹轂潭州人德祐已亥差知衡州待次家居潭被元兵城將陷知事不可爲乃爲二子行冠禮人曰今何時行此迂闊事轂曰正欲令兒曹冠帶見先人於地下耳旣畢禮具衣冠望闕再拜謂其弟岳秀曰可急去不可使尹氏無後吾受國厚恩義當死岳秀曰兄旣死弟將安往願俱死城陷自火其廬擧家赴池死

詩元兵南下肆頑兇力竭無由脫賊鋒爲子猶能行冠禮平生義氣自從容　回頭北望拜君門自叙平生受厚恩兄弟爭相投水死一家忠義動乾坤

윤곡은송나라담쥬사ᄅᆞᆷ이니덕우송효공뎨대년호라이년에형쥬원을ᄒᆞ여미처도임못ᄒᆞ고집에잇더니원나라군ᄉᆡ크게드러와담쥬를에워ᄡᆞ니곡이셩을보젼티못ᄒᆞᆯ줄을알고그두아ᄃᆞᆯ의관녜ᄅᆞᆯ힝ᄒᆞ니사ᄅᆞᆷ이닐오ᄃᆡ이엇더ᄒᆞᆫ새완ᄃᆡ이런오활ᄒᆞᆫ일을힝ᄒᆞᄂᆞᆫ다곡이ᄀᆞᆯ오ᄃᆡ우리죽게되여시니아희들로ᄒᆞ여곰관ᄃᆡ로디하의가션인긔뵈고져ᄒᆞ노라ᄒᆞ고관녜ᄅᆞᆯ뭇ᄎᆞ매의관을졍히ᄒᆞ고대궐을향ᄒᆞ여지비ᄒᆞ고그아ᄋᆞ악슈ᄃᆞ려닐너ᄀᆞᆯ오ᄃᆡ너ᄂᆞᆫ급히ᄃᆞ라나문ᄒᆞ오ᄅᆞᆯ보젼ᄒᆞ라나ᄂᆞᆫ나라ᄒᆡ은혜ᄅᆞᆯ닙어시니의맛당이죽으리라ᄒᆞᆫ대악쉬ᄀᆞᆯ오ᄃᆡ형이죽으면내어ᄃᆡ로가리오원컨대ᄀᆞᆺ티죽으리라ᄒᆞᆫ대니셩이함몰ᄒᆞ매스ᄉᆞ로그집을불지르고일문이다모ᄉᆡᄲᅡ져죽으니라

天祥不屈
宋

文天祥吉水人德祐初元兵三道大入詔天下勤王天祥捧詔泣爲發郡中豪傑以烏合萬人赴義或謂曰子是行何異驅羊而搏虎天祥曰吾亦知其然也第國家養士三百年一朝有急無一人入關者吾深恨此故不自量力而以身殉之五坡嶺之潰天祥既被執吞腦子不死至崖山元帥張弘範令以書招張世傑天祥曰我不能扞父母乃教人叛父母乎弘範曰國亡矣殺身爲忠誰復書之天祥曰商非不亡夷齊不食周粟人臣各盡其心何論書不弘範改容送燕不食八日不死丞相孛羅問曰汝立二王做得甚

事天祥曰立君以存宗廟存一日則盡臣子一日之責人臣事君如子事父母父母有疾雖甚不可爲豈有不下藥之理有死而已何必多言繫獄月餘元主爲召入問曰汝何願天祥曰某受宋恩爲宰相無事二姓理願賜一死足矣至元壬午賜死臨刑殊從容謂吏卒曰吾今日事已畢南向再拜乃就死數日其妻歐陽氏收其屍面如生檢衣帶中有贊曰孔曰成仁孟曰取義惟其義盡所以仁至讀聖賢書所學何事而今而後庶幾無愧

〔詩〕國亡家破見忠臣仰藥從容欲殺身重義輕生

終不屈高名千載獨離倫　繫獄艱辛至月餘一身忠節不渝初衣中有贊辭深切無愧平生所學書

문텬샹은송나라길슈사ᄅᆞᆷ이니원나라군ᄉᆡ세길로크게텨드러오니텬지됴셔ᄒᆞ여텬하에구원병을브른대텬샹이됴셔ᄅᆞᆯ바다눈믈을ᄲᅳ리고의병을거두어힝ᄒᆞᆯᄉᆡ혹이ᄀᆞᆯ오ᄃᆡ이엇디양을모라범을티ᄆᆞᆯ과다ᄅᆞ리오텬샹이ᄀᆞᆯ오ᄃᆡ내ᄯᅩᄒᆞᆫ모로ᄂᆞᆫ줄이아니로ᄃᆡ국가에급호미잇거늘ᄒᆞᆫ사ᄅᆞᆷ도응ᄒᆞ리업ᄉᆞ니내깁히ᄒᆞᆫᄒᆞᄂᆞᆫ디라이

러므로힘을혜아리디아니ᄒᆞ고죽기로나라흘
갑흐리라ᄒᆞ더니텬샹이오랑캐게잡히여독약
을ᄉᆞᆷ키되죽디아니ᄒᆞᆫ디라이새쟝셰걸과뉵
슈뷔텬ᄌᆞᄅᆞᆯ뫼셔ᄇᆡᄅᆞᆯᄐᆞ고애산바다가온대로
ᄃᆞ라나니원나라댱슈쟝홍범이텬샹을핍박ᄒᆞ
여글을ᄆᆡᆫᄃᆞ라쟝셰걸을부ᄅᆞ라ᄒᆞ거ᄂᆞᆯ텬샹이
ᄀᆞᆯ오ᄃᆡ내능히님군을호위티못ᄒᆞ고ᄎᆞ마ᄂᆞᆷ을
권ᄒᆞ여님군을비반ᄒᆞ라ᄒᆞ랴호대원나라댱슈
ᄀᆞᆯ오ᄃᆡ네나라히망ᄒᆞ여시니네비록몸을죽여
튱신이되고져ᄒᆞ나후세에뉘알니오텬샹이ᄀᆞᆯ

오ᄃᆡ은나라히망ᄒᆞ여시되ᄇᆡᆨ이슉졔쥬나라곡
식을먹디아니ᄒᆞ니인신이그ᄆᆞᄋᆞᆷ을극진이ᄒᆞᆯ
ᄯᆞᄅᆞᆷ이라엇디후셰에알며모로기ᄅᆞᆯ의논ᄒᆞ리
오ᄒᆞ고팔일을굴므되죽디아니ᄒᆞᄂᆞᆫ디라원나
라졍승볼래무려ᄌᆞᆯ오ᄃᆡ네나라히망ᄒᆞ게된새
에두님군을세오니무ᄉᆞᆷ일을ᄒᆞ엿ᄂᆞᆫ다텬상이
ᄌᆞᆯ오ᄃᆡ님군을세워ᄒᆞᆯ리라도종묘ᄅᆞᆯ보젼ᄒᆞ미
신하의칙망이라님군셤기미부모셤김ᄀᆞᄐᆞ니
부뫼병이이시면비록죽게되여신들엇디약을
ᄡᅳ디아니ᄒᆞ리오ᄒᆞ고죵시굴ᄒᆞᆯᄯᅳ디업ᄉᆞ니옥

에가도앗다가인ᄒᆞ여죽인배되니죽기ᄅᆞᆯ님ᄒᆞ
여남향지비ᄒᆞ고죵용히죽으니라그안ᄒᆡ구양
시죽엄을거두니얼골이사랏ᄂᆞᆫᄃᆞᆺᄒᆞ고옷가온
대셔글을어드니그글에ᄀᆞᆯ오ᄃᆡ몸을죽여인을
닐오믄공ᄌᆞ의말ᄉᆞᆷ이오살기ᄅᆞᆯᄇᆞ리고의ᄅᆞᆯ취
ᄒᆞ믄밍ᄌᆞ의말ᄉᆞᆷ이라셩현의글을닑으매ᄇᆡ혼
배무ᄉᆞᆷ일인고이졘후의야거의븟그러오미업
도다ᄒᆞ엿더라

枋得不食 宋

謝枋得信州人北軍攻饒州拒戰于安仁敗績變姓名入唐石山轉茶坂寓逆旅中日麻衣躡屨東向而哭人不識之以爲病狂也元軍至信州鏤榜跟捕執妻李氏拘揚州枋得入蒼山寺處崎嶇山谷會大赦乃出時妻已斃寓建陽之驛橋福建行省叅政魏天祐逼以北行枋得不肯以死自誓天祐與言坐而不對或嫚言無禮天祐讓曰封疆之臣當死封疆安仁之敗何不死枋得曰程嬰杵臼一死於前一死於後王莽簒漢十四年龔勝乃死死有重於泰山輕於鴻毛蓋棺事定叅政豈足以知此卽不食二十餘日不

死至燕京問謝太后欑所及瀛國所在再拜慟哭遷
憫忠寺見壁間曹娥碑泣曰小女猶爾吾不如若哉
留夢炎使人持藥雜米飮以進枋得怒曰吾欲死汝
乃欲生耶擲之地終不食死

〔詩〕摧鋒陷敵志無成遁跡山林變姓名數月茹蔬
終死節凜然千載樹風聲 元兵跌宕力難當戰
敗流離寓建陽羞事二君輕一死名留竹帛更輝
光

샤방득은송나라신쥬사ᄅᆞᆷ이니송이망ᄒᆞᆯ새에
원나라군ᄉᆡ요쥬ᄡᅡ흘티거ᄂᆞᆯ방득이막아ᄡᅡ호

다가패ᄒᆞ여ᄃᆞ라나셩명을곳치고산듕에드러
가뵈옷과집신으로날마다동향ᄒᆞ여통곡ᄒᆞ니
사ᄅᆞᆷ이다광인이라ᄒᆞ더니원인이두로방을부
텨근포ᄒᆞᆯ시방득의쳐니시를잡아가도니방득
이창산ᄉᆞ라ᄒᆞᄂᆞᆫ절에숨엇더니원나라참졍벼
ᄉᆞᆯᄒᆞᄂᆞᆫ위텬위방득을잡아핍박ᄒᆞ여제나라흐
로드려가려ᄒᆞ거ᄂᆞᆯ방득이죽기로ᄲᅥ가디아니
ᄒᆞᆫ대텬위ᄀᆞᆯ오ᄃᆡ네뎌리ᄒᆞᆯ쟉시면엇디볼셔죽
디아니ᄒᆞ엿ᄂᆞᆫ다방득이ᄀᆞᆯ오ᄃᆡ죽으미태산의
셔듕ᄒᆞᆯ적도잇고터럭의셔가ᄇᆡ여올적도잇ᄂᆞ

너네엇더알리오드듸여스무날을밥을먹더아
니ᄒᆞ듸죽더아니ᄒᆞ더니연경에잡히여가샤태
후빈소와효공황뎨잡히여가겨신듸롤무러통
곡지비ᄒᆞ고민릉ᄉᆞ란졀에머므더니ᄇᆞ람벽ᄉᆞ
이에조아비라ᄒᆞ논글을보고우러ᄀᆞᆯ오듸조아
논어린녀지로듸오히려아비롤위ᄒᆞ여죽어시
니내엇지더만못ᄒᆞ리오ᄒᆞ고ᄆᆞᄎᆞᆷ늬굴머죽으
니라

五倫行實圖
和尚噀血
金

完顔陳和尚金宗室爲忠孝軍提控正大五年蒙古兵入大昌原平章合達問誰可爲前鋒陳和尚出應命沐浴更衣若將就木然者擐甲上馬不反顧以四百騎破八千衆御軍有方坐作進退皆中程式所過州縣秋毫無犯每戰則先登陷陣疾若風雨諸軍倚以爲重三峯之敗走均州城破兵入趨避隱處殺掠稍定乃出自言曰我金大將陳和尚也大昌原衛州倒回谷之勝皆我也我死亂軍中人將謂我負國家今日明白死天下必有知我者時欲其降斫足脛折之劃口吻至耳噀血而呼至死不屈蒙古將義之酹

以馬湩曰好男子年四十一詔贈鎭南軍節度使塑
像褒忠廟勒石紀其忠烈

(詩)元兵闌入大昌原募應前鋒將虎賁四百能摧
八千衆先登奮勇似雷奔　難將抔土障黃流斫
劃要降罵不休天下果知明白死褒忠紀石表山
丘

진화샹은금나라댱쉬라몽고의군서크게드러
오니화샹이ᄌᆞ원ᄒᆞ여션봉이되여도적을텨빠
홈마다이긔더니삼봉ᄡᅡ화ᄒᆞ여패ᄒᆞ여잠간숨엇
다가도적이주김과노략질을저기그친후에나

와닐러ᄀᆞᆯ오ᄃᆡ나ᄂᆞᆫ금나라대댱진화샹이라어
ᄌᆞ러온군듕의셔죽으면사ᄅᆞᆷ이아디못ᄒᆞ고나
라흘져ᄇᆞ리다홀거시니오ᄂᆞᆯ날명ᄇᆡᆨ히죽어텬
하로ᄒᆞ여곰알게ᄒᆞ리라ᄒᆞᆫ대도적이잡아항복
바ᄃᆞ려ᄒᆞ거ᄂᆞᆯ화샹이항복디아니ᄒᆞᆫ대발목을
버히고입을ᄯᅴ여귀ᄭᆞ디니르니피를ᄲᅮᆷ으며크
게ᄭᅮ지저죵시굴티아니ᄒᆞ고죽거ᄂᆞᆯ도적이차
탄ᄒᆞ여ᄀᆞᆯ오ᄃᆡ호남ᄌᆞ라ᄒᆞ더라이ᄯᆡ에나히ᄉᆞ
십일세라금나라히그튱의ᄅᆞᆯ아름다이너겨진
남군절도ᄉᆞ벼ᄉᆞᆯ을튜증ᄒᆞ고얼골을그려졔ᄒᆞ

게ᄒᆞ고돌ᄒᆡ사겨그튱녈을긔록ᄒᆞ니라

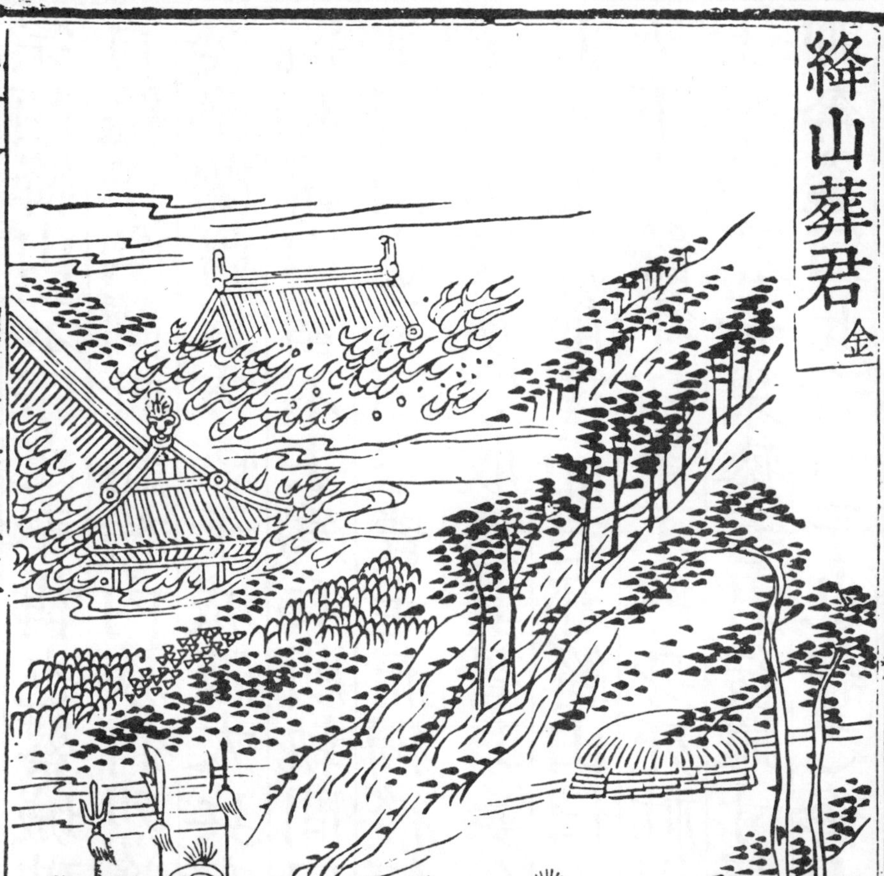
絳山葬君
金

完顏絳山哀宗之奉御也蔡城破哀宗傳位承麟卽自縊于幽蘭軒點檢內族斜烈將從死遺言絳山使焚幽蘭軒火方熾子城破大兵突入近侍左右皆走避獨絳山留不去爲兵所執問曰汝爲誰絳山曰奉御絳山也兵曰衆皆走而獨後何也曰吾君終于是吾俟火滅灰寒收瘞其骨耳兵笑曰若狂者邪汝命且不能保能瘞而君邪絳山曰人各事其君吾君有天下十餘年功業不終身死社稷忍使暴露遺骸與士卒等邪吾果瘞吾君後雖寸斬不恨矣兵以告其帥奔盞曰此奇男子也許之絳山乃掇其餘燼裹以

獘僉瘗于汝水之旁再拜號哭將赴汝水死軍士救之得免後不知所終

詩國破君終衆散亡挺身胡奈獨彷徨遺骸不忍裒原野掇拾慇懃瘗汝旁 左右蒼黃共避擒獨留收骨意方深兵人固識奇男子終使安全得盡心

강산은금나라의종새봉어벼슬ᄒᆞᄂᆞᆫ사ᄅᆞᆷ이라의종이원병의게핍박ᄒᆞ여유란헌이라ᄒᆞᄂᆞᆫ집에셔목ᄆᆡ여죽으니뎜검늬족벼슬호샤렬이ᄡᅡ라죽을시강산으로ᄒᆞ여곰집의블을노터니원

나라군ᄉᆡ돌입ᄒᆞ거ᄂᆞᆯ좌위다ᄃᆞ라나되강산이
홀로머믈고가디아니ᄒᆞ거ᄂᆞᆯ도적이잡아무러
ᄀᆞᆯ오ᄃᆡ놈이다ᄃᆞ라나거ᄂᆞᆯ네엇디홀로잇ᄂᆞᆫ다
강산이ᄀᆞᆯ오ᄃᆡ내님군이여긔셔죽으시니내블
씨디기ᄅᆞᆯ기ᄃᆞ려님군의ᄒᆡ골을거두어무드려
ᄒᆞ노라ᄒᆞᆫ대원병이우서ᄀᆞᆯ오ᄃᆡ네쟝ᄎᆞᆺ죽게되
엿거든어ᄂᆞ결을에네님군의ᄒᆡ골을무드리오
강산이ᄀᆞᆯ오ᄃᆡ우리님군이텬하ᄅᆞᆯ두션디십여
년에공업을못디못ᄒᆞ시고몸이샤직에죽으시
니ᄎᆞ마ᄒᆡ골을ᄇᆞ려죽은군ᄉᆞ와마티ᄒᆞ리오내

만일님군의ᄒᆡ골을무든후면비록촌촌이버혀
죽어도ᄒᆞᆫ이업ᄉᆞ리라원병이긔특이녀겨허락
ᄒᆞ니이에불ᄐᆞ고남은섀롤거두어니블에ᄲᅡ뭇
고두번절ᄒᆞ고통곡ᄒᆞ고믈의ᄲᅡ디려ᄒᆞ거ᄂᆞᆯ군
ᄉᆡ구ᄒᆞ여내엿더니후의간곳을모로니라

五倫行實圖
蝦蟆自焚
金

郭蝦蟆會州人爲洮河元帥金亡西州無不降潰獨蝦蟆堅守孤城元兵攻之蝦蟆度不能支集州中所有金銀銅鐵雜鑄爲礮以擊攻者殺牛馬以食戰士又自焚廬舍積聚曰無至資兵日與血戰軍士死傷者衆乃命積薪於州廨火既熾率將士於火前持滿以待城破兵塡委以入鏖戰既久士卒有弓盡矢絕者挺身入火中蝦蟆獨上大草積以門扉自蔽發二三百矢無不中者矢盡投弓劒于火自焚城中無一人肯降者蝦蟆死時年四十五土人爲立祠

詩 可憐金末洮河帥獨守孤城力不支餉士仍令

焚積聚終焉血戰死爲期　州廨燔薪勢已傾奮
身鏖戰共輕生闔城自斃無遺子千載流傳不朽
名

곽하마ᄂᆞᆫ금나라회쥬사ᄅᆞᆷ이니벼ᄉᆞᆯᄒᆞ여됴하
원쉬되엿더니금나라히망ᄒᆞᆯ새에원나라군시
크게드러오니셔쥐모든고을이항복디아니ᄒᆞ
리업ᄉᆞ되하매홀로외로온셩을구디딕희엿더
니원병이급히티니하매힘을다ᄒᆞ여ᄡᅡ화냥식
이진ᄒᆞ매몰과쇼ᄅᆞᆯ다잡아군ᄉᆞᄅᆞᆯ먹이고섭ᄒᆞᆯ
집알ᄑᆡᄡᅡ하블을노코군ᄉᆞᄅᆞᆯ거ᄂᆞ리고블알ᄑᆡ

셔활을ᄃᆞ리여도적을기ᄃᆞ리니적병이무수이
드러오ᄂᆞᆫ디라ᄌᆞᆺ쳐빠홀샤궁시진ᄒᆞᄂᆞᆫ군ᄉᆡᄃᆞ
토와블의ᄃᆞ라들고하매홀로플빠흔ᄃᆡ올라문
ᄧᅡᆨ으로ᄆᆞᆷ을ᄆᆞ리오고살수삼ᄇᆡᆨ을ᄡᅩ아도적을
무수이죽이고살이진ᄒᆞ니활과칼을블가온대
더디고드ᄃᆡ여스ᄉᆞ로블에드러죽으니셩둥이
ᄒᆞᆫ사ᄅᆞᆷ도항복ᄒᆞᄂᆞᆫ재업더라하매죽을새에나
히ᄉᆞ십오세라그ᄯᅢ사ᄅᆞᆷ이ᄉᆞ당세워졔ᄒᆞ니라

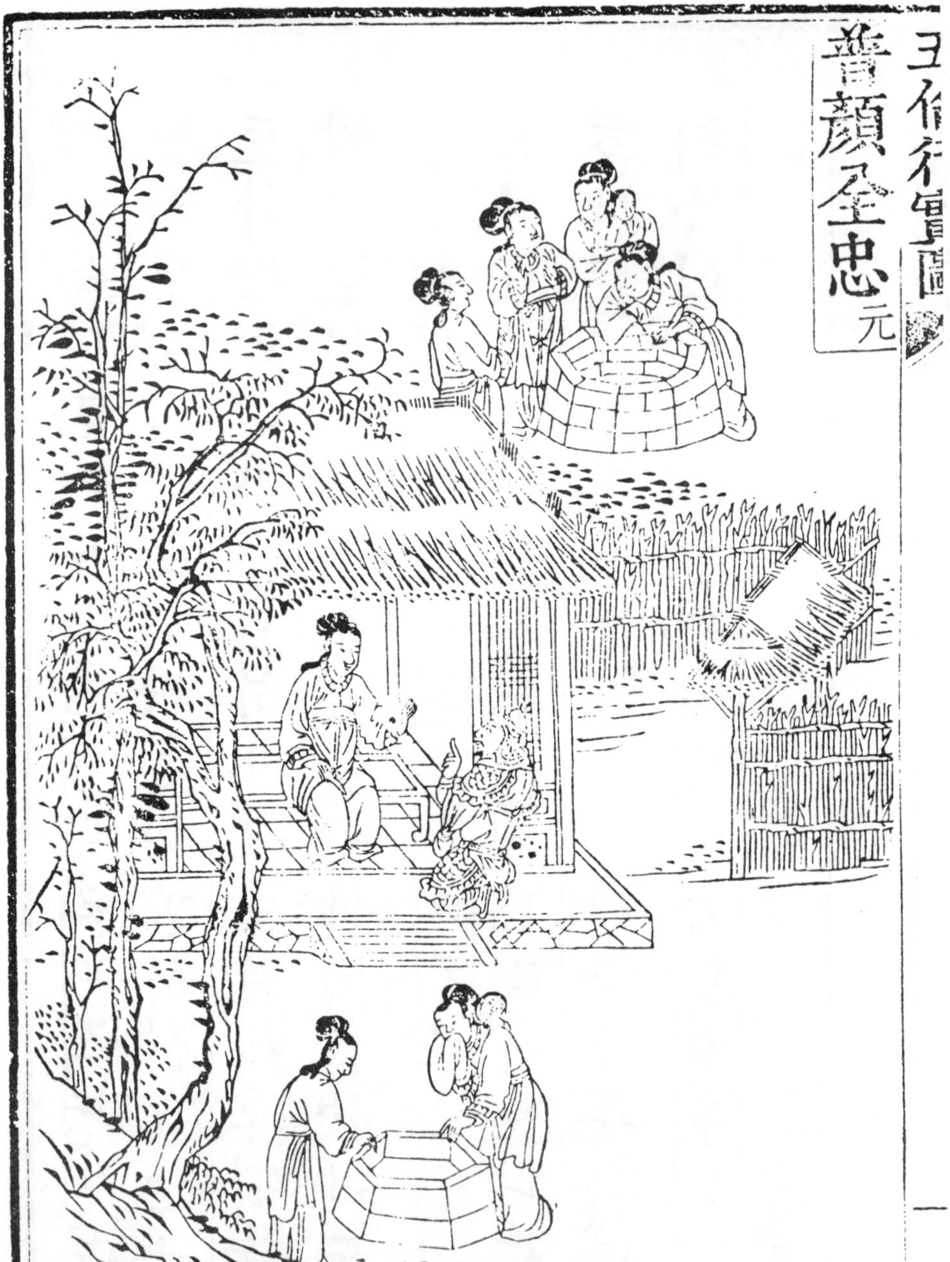
五倫行實圖
普顏全忠 元

普顔不花蒙古氏官叅知政事至正十八年詔與侍御史李國鳳經略江南至建寧陳友諒遣鄧克明來寇國鳳遁去普顔不花曰我承制來此去將何之誓與此城同存亡耳拒戰六十四日大敗賊衆明年召還授山東宣慰使守益都　大明兵壓境普顔不花捍城力戰城陷平章保保出降普顔不花還告其母曰兒不能兩全忠孝幸有二弟當終養拜母趨官舍坐堂上主將素聞其賢召之再三不往旣而面縛之普顔不花曰我元朝進士官至極品事已至此何以生爲竟不屈而死其妻阿魯眞抱其子投舍北井其

女及妾孫女皆隨溺二弟之妻各抱幼子及婢妾溺
舍南井死

詩 親承詔命撫南方敢愛微軀棄土疆國鳳何人
潛遁去誓將城堡共存亡　忠孝誠難兩得全居
官效死職當然可憐妻子皆投井節義家聲萬古
傳

보안불화는원나라사람이니참지졍ᄉᆞ벼슬ᄒᆞ
여강남에슌힝ᄒᆞᆯᄉᆡ건녕ᄯᅡ히니르러는도적진
우량의댱슈와빠화여러번파ᄒᆞ고익도ᄯᅡ흘닥
희엿더니　대명군ᄉᆡ와티니불홰셩을웅거ᄒᆞ

여힘뻐빠호더니셩이함몰ᄒᆞ매뎡승보보ᄂᆞᆫ나
가항복ᄒᆞ거ᄂᆞᆯ불쾌그어미ᄃᆞ려고ᄒᆞ여ᄀᆞᆯ오ᄃᆡ
내튱효ᄅᆞᆯ냥젼티못ᄒᆞ게되엿ᄂᆞᆫ디라아ᄋᆞᄃᆞᆯ이
이시니맛당이모친을봉양ᄒᆞ리이다ᄒᆞ고하직
ᄒᆞ고가관가집의안ᄌᆞᆺ더니 대명댱쉬불화의
어던일홈을듯고두세번브ᄅᆞᄃᆡ가디아니ᄒᆞᆫ대
군ᄉᆞᄅᆞᆯ보내여잡아가니불쾌ᄀᆞᆯ오ᄃᆡ나ᄂᆞᆫ원나
라신하로벼ᄉᆞᆯ이놉핫ᄂᆞᆫ디라일이이믜이에니
ᄅᆞ러시니사라무엇ᄒᆞ리오ᄒᆞ고ᄆᆞᄎᆞᆷ내굴티아
니ᄒᆞ고죽으니그안ᄒᆡ아로진이ᄯᅩᄒᆞᆫ아ᄃᆞᆯ을안

고우믈에ᄲᅡ질ᄉᆡᄯᆞᆯ과쳡과손녀와두아ᄋᆞ의안ᄒᆡ
각각어린아ᄒᆡᄅᆞᆯ안고죵들ᄭᅥ디다ᄲᅡ라ᄲᅡ뎌죽
으니라

堤上忠烈
新羅

朴堤上新羅始祖赫居世之後仕爲歃良州干先是實聖王遣奈勿王子未斯欣質倭又遣未斯欣兄卜好質高句麗訥祗王立思得辯士往迎之堤上請行至句麗說王同歸王喜曰念二弟如左右臂今只得一臂奈何堤上拜辭不入家至倭國紿言王殺我父兄故逃來倭王信之堤上與未斯欣乘舟若游玩者倭人不疑堤上勸未斯欣潛還未斯欣欲偕歸堤上曰俱去恐謀不成未斯欣行旣遠倭王囚堤上問曰何竊遣王子對曰臣是雞林臣欲成吾君之志耳倭王怒曰言雞林臣必具五刑命剝脚下皮刈蒹葭使

趨其上問曰何國臣曰雞林臣又使立熱鐵上問何
國臣曰雞林臣倭王知不屈燒殺之妻率三娘上鵄
述嶺望倭國哭死

〔詩〕訥祗初立念天倫辯士旁求得此人質弟歸來
全二臂新羅千載一忠臣 勸欣還國滯扶桑身
被淫刑最可傷哭望東溟妻又死至今忠烈史增
光

박뎨샹은신라시조혁거셰후손이니신라왕의
두아이ᄒᆞᆫ나흔왜국에볼모잡히이고ᄒᆞᆫ나흔고
구려에볼모잡혀갓더니왕이심히보고져ᄒᆞ여

변ᄉᆞᄅᆞᆯ어더가마자오랴ᄒᆞᆯᄉᆡ톄샹이ᄌᆞ원ᄒᆞ여
고구려에가그왕을다래여볼모ᄅᆞᆯ노케ᄒᆞ고ᄯᅩ
왜국에가왜왕을속이고왕의아ᄋᆞᄅᆞᆯ마만이비
ᄅᆞᆯ틔와보낼서날너ᄀᆞᆯ오ᄃᆡ내함ᄭᅴ가면ᄡᅬ일우
디못ᄒᆞ리라ᄒᆞ고머믈너잇더니왜왕이알고톄
샹을가도고무러ᄀᆞᆯ오ᄃᆡ네엇디왕톄ᄅᆞᆯ마만이
보내엿ᄂᆞᆫ다톄샹이ᄀᆞᆯ오ᄃᆡ나ᄂᆞᆫ신라신해라우
리님군이왕톄ᄅᆞᆯᄉᆡᆼ각ᄒᆞ여보고져ᄒᆞ시매내님
군의ᄯᅳᆺ을일오미로라왜왕이노ᄒᆞ여ᄀᆞᆯ오ᄃᆡ네
감히신라신해로라ᄒᆞ면반ᄃᆞ시죽이리라ᄒᆞ고

뎨샹의발바당가족을벗기고ᄀᆞᆯ밧흘뷔여ᄂᆞᆯ나
게ᄒᆞ고뎨샹을그우흐로ᄭᅳ을며무러ᄀᆞᆯ오ᄃᆡ네
뉘신핸다뎨샹이ᄀᆞᆯ오ᄃᆡ신라신해로라ᄯᅩ쇠ᄅᆞᆯ
블의달화그우희세우고무ᄅᆞᄃᆡ네뉘신핸다뎨
샹이ᄯᅩᄀᆞᆯ오ᄃᆡ신라신해로라왜왕이굴티아니
ᄒᆞᆯ줄을알고블에ᄉᆞᆯ와죽이니그안ᄒᆡ뎨샹의죽
으믈듯고놉흔녕의올라왜국을ᄇᆞ라며울고죽
으니라

丕寧突陣
新羅

丕寧子不知鄕邑族姓新羅善德王元年百濟將軍義直率兵分攻甘勿桐岑二城王遣金庾信率兵拒之苦戰氣竭庾信顧謂丕寧子曰事急矣子能奮激出奇以勵衆心乎丕寧子拜曰當以死報出謂奴合節曰吾爲國家死之吾子擧眞年雖幼有壯志必欲俱死若父子幷命則家人疇依汝其與擧眞好收吾骨歸以慰其母心卽鞭馬橫槊突陳格殺數人而死擧眞望之欲赴合節曰大人令合節奉阿郞還家以慰夫人今子負父命棄母慈可乎執馬轡不放擧眞曰見父之死而苟存豈孝子卽以劒擊折合節臂奔

入敵中戰死合節曰所天崩矣不死何爲亦交鋒而
死軍士爭進斬首三千餘級王聞之涕淚禮葬厚賜
〔詩〕二城受敵勢將危倉卒將軍力莫支奮激出奇
能勵衆一身忠義永無虧　囑奴收骨慰家人突
陳橫戈不顧身合節擧眞相繼死宜加恩禮奬忠
臣

비녕ᄌᆞᄂᆞᆫ 신라 사ᄅᆞᆷ이니 당슈 김유신을 조차 ᄇᆡᆨ
뎨와 ᄡᅡ화 군ᄉᆡ 긔운이 진ᄒᆞ니 김유신이 비녕ᄌᆞ
ᄃᆞ려 닐오ᄃᆡ 네 능히 긔특ᄒᆞᆫ ᄭᅬᄅᆞᆯ 내여 군심을 격
동케 ᄒᆞ라 비녕지 ᄆᆞᆯ오ᄃᆡ 맛당이 죽기로 갑ᄒᆞ리

라ᄒᆞᆯ고그죵합절ᄃᆞ려닐오ᄃᆡ내나라ᄒᆞᆯ위ᄒᆞ여
죽을거시니내아ᄃᆞᆯ거진이비록어리나쟝ᄒᆞᆫᄠᅳᆺ
이잇ᄂᆞᆫ디라반ᄃᆞ시ᄒᆞᆫ가지로죽으려ᄒᆞ리니만
일부지다죽으면집사ᄅᆞᆷ이눌을의지ᄒᆞ리오네
거진을ᄃᆞ리고내ᄲᅧ를거두어도라가그어미ᄆᆞ
ᄋᆞᆷ을위로ᄒᆞ게ᄒᆞ라ᄒᆞ고즉시창을빗기고ᄆᆞᆯ을
채쳐적진을츙돌ᄒᆞ여두어사ᄅᆞᆷ을죽이고인ᄒᆞ
여ᄲᅡ화죽으니거진이ᄇᆞ라보고적진의다라가
죽으려ᄒᆞ거ᄂᆞᆯ합절이ᄀᆞᆯ오ᄃᆡ대인이날로ᄒᆞ여
곰낭군을보젼ᄒᆞ여도라가부인을위로ᄒᆞ라ᄒᆞ

시니엇디아븨명을져ᄇᆞ리고어믜ᄌᆞ의ᄅᆞᆯᄉᆞᆺ츠려ᄒᆞᄂᆞ뇨ᄒᆞ고몰곳비ᄅᆞᆯ잡고노티아니ᄒᆞ니거진이ᄀᆞᆯ오ᄃᆡᄌᆞ식이아비죽으믈보고구챠히살면엇디효ᄌᆞ리오ᄒᆞ고칼로합절의ᄑᆞᆯ을려버히고적진으로ᄃᆞ라가ᄲᅡ화죽으니합절이ᄀᆞᆯ오ᄃᆡ쥬인이죽은디라내엇디살리오ᄒᆞ고ᄯᅩᄲᅡ화죽으니군ᄉᆞ다토아나아가크게이권디라신라왕이듯고눈믈을흘리고녜로장ᄉᆞᄒᆞ고그집에ᄌᆞ믈을만히주니라

五倫行實圖 卷二 忠臣

七十六

鄭樞淸州人李存吾慶州人恭愍王方寵辛旽樞存吾上疏曰旽專國政有無君心常騎馬出入宮門與殿下並據胡床雖崔沆林衍亦未若此王怒召樞等面責時旽與王對床存吾目旽叱之旽惶駭不覺下床王愈怒命李春富李穡鞫誘者樞曰見上委政非人將危社稷不得默默豈待人誘旽陰使人誘存吾曰若引慶復興元松壽則可免存吾叱曰身爲諫官第論國賊安有爲人所指旽必欲殺之穡謂春富曰祖宗以來未嘗殺諫臣若殺之領相之名恐由是而不美春富白旽得減死謫外存吾以憂成疾疾革使

扶起曰旽尙熾乎旽亡吾乃亡反席未安而卒

詩 並據胡床敢抗衡專權擅政國將傾倘非二子忠誠激冒死何人伏閤爭 王心蠱惑信姦回可鑑玄陵養禍胎怒目一言眞斧鉞賊旽從此膽先摧

뎡츄ᄂᆞᆫ고려쳥쥬사ᄅᆞᆷ이오니존오ᄂᆞᆫ경쥬사ᄅᆞᆷ이니고려공민왕이즁놈신ᄃᆞᆫ을ᄉᆞ랑ᄒᆞ여졍ᄉᆞ로어즈러이니뎡츄니존오두사ᄅᆞᆷ이샹소ᄒᆞ여ᄃᆞᆫ의죄상을니ᄅᆞᆫᄃᆡ왕이대노ᄒᆞ여두사ᄅᆞᆷ을블러ᄭᅮ지ᄌᆞᆯᄉᆡ이ᄯᆡ에ᄃᆞᆫ이왕을ᄃᆡᄒᆞ여상우ᄒᆡ안

좃ᄂᆞᆫ디라존외눈을브릅ᄯᅳ고둔을ᄭᅮ지ᄌᆞ니둔
이황망히상에ᄂᆞ린ᄃᆡ왕이더옥노ᄒᆞ여두사ᄅᆞᆷ
을잡아져주어무ᄅᆞᄃᆡ뉘라셔너ᄅᆞᆯᄀᆞᄅᆞ쳐샹소
ᄒᆞ라ᄒᆞ더뇨ᄃᆡᄒᆞ여ᄀᆞᆯ오ᄃᆡ왕이못ᄡᅳᆯ놈의게졍
소ᄅᆞᆯ맛져나라히망ᄒᆞ게되여시매ᄌᆞᆷᄌᆞᆷ티못ᄒᆞ
여ᄒᆞ미라엇디놈의ᄀᆞᄅᆞ치믈바다시리오ᄒᆞᆫ대
둔이ᄀᆞ만이사ᄅᆞᆷ으로ᄒᆞ여곰존오ᄅᆞᆯ다래여제
게믜온사ᄅᆞᆷ을다히라ᄒᆞ거ᄂᆞᆯ존외ᄭᅮ지저ᄀᆞᆯ오
ᄃᆡ몸이간관이되여나라도적을논회ᄒᆞ여시니
엇디놈을다히리오ᄒᆞᆫ대둔이죽이고져ᄒᆞ거ᄂᆞᆯ

니식이위ᄒᆞ여쥬션ᄒᆞ여귀향보내엿더니존외
병드러죽을새에붓들녀나려안자골오ᄃᆡ신듄
이그저사랏ᄂᆞ냐이놈이죽어야내죽으리라ᄒᆞ
고도로누어죽시죽으니라

五倫行實圖
夢周殞命
高麗

鄭夢周迎日人爲高麗門下侍中初崔瑩勸辛禑興
師攻遼我　太祖舉義回軍復立王氏趙浚鄭道傳
南誾等知天命人心所在欲推戴　太祖洪武壬申
三月　太祖墮馬夢周忌浚道傳誾等同心輔翼令
臺諫劾流之遣金龜聯李蟠就貶所將殺之義安大
君和興安君李濟等白　太祖曰勢已急矣將若之
何　太祖曰死生有命但當順受而已和濟退謂麾
下士趙英珪曰　李氏之有功王室人皆知之今爲
人所陷後世誰知麾下士其無効力者乎英珪曰敢
不從命英珪等要於路擊殺夢周　太祖大怒因病

篤至不能言 太宗卽位以專心所事不貳其操贈
謚文忠

㊂詩 麗季衰微泰運升羣賢攀附揔飛騰從容就死
烏川子啓我朝鮮節義興 忠義由來不可湮平
時砥勵且無人疾風勁草尤難見須識高麗一个
臣

뎡몽쥬ᄂᆞᆫ영일사ᄅᆞᆷ이니고려망ᄒᆞᆯ새졍승이라
태조대왕긔텬명과인심이다도라오니됴쥰과
뎡도젼과남은등이 태조ᄅᆞᆯ진심ᄒᆞ여도으니
뎡몽쥬크게근심ᄒᆞ여ᄃᆡ간으로ᄒᆞ여곰됴쥰뎡

도젼남은등을논박ᄒᆞ여귀향보내게ᄒᆞᆫ대의안
대군화와흥안군니뎨등이됴영규ᄃᆞ려닐러골
오ᄃᆡ 니시왕실에큰공이잇거놀이제위ᄐᆡᄒᆞ
게되여시니너희등이이새롤당ᄒᆞ여힘을ᄡᅳ디
아니ᄒᆞ려ᄒᆞᄂᆞ냐영귀드ᄃᆡ여길에즐렷다가몽
쥬롤려죽이니 태죄드ᄅᆞ시고크게노ᄒᆞ샤병
들기에너ᄅᆞ러겨시더니그후에 태종대왕이
즉위ᄒᆞ샤몽쥬의왕시의던튱ᄒᆞᆫ믈아름다이너
기샤시호롤주어문튱공이라ᄒᆞ시니라

吉再抗節
高麗

吉再海平人仕高麗洪武已巳棄官歸家至庚辰
太宗在東宮召之再至啓于　定宗授奉常博士再
啓　東宮辭職　太宗敎曰子之所言實關綱常但
召之者吾而官之者　殿下也宜辭於　殿下再乃
上書曰再擢第辛朝爲門下注書臣無二主乞放歸
田里終養老母以遂臣不事二姓之志明日　定宗
御經筵問知經筵事權近曰吉再抗節不仕未審古
人何以處之近對曰嚴光不屈光武從之再若求去
不如使之自盡其心之爲愈也乃許歸仍復其家
世宗卽位承　太宗命官其子八年丙午贈左司諫

大夫

詩 崧山王氣已成灰眞主龍興泰運開尚戀舊君全一節飄然歸臥子陵臺　亭亭高節凜秋霜直欲追蹤餓首陽聖代褒崇彰義烈三韓億載樹綱常

길지ᄂᆞᆫ고려희평사ᄅᆞᆷ이니고려말에벼ᄉᆞᆯᄒᆞ다가홍무(명태조대년호라)긔ᄉᆞ에벼ᄉᆞᆯ을ᄇᆞ리고집의도라갓더니아　태종대왕이동궁의겨실새에브ᄅᆞ신대지오거ᄂᆞᆯ　대됴에엿ᄌᆞ와벼ᄉᆞᆯᄒᆞ이시니지받디아니ᄒᆞ고글을올려ᄀᆞᆯ오ᄃᆡ신하ᄂᆞᆫ두님

군이업ᄂᆞ니ᄌᆡ롤노하보내여늙은어미롤봉양
ᄒᆞ게ᄒᆞ쇼셔 뎡종대왕이권근ᄃᆞ려무러ᄀᆞᆯᄋᆞ
샤ᄃᆡ길ᄌᆡ절을직희여벼ᄉᆞᆯ을아니ᄒᆞ니엇디쳐
티ᄒᆞ리오근이ᄃᆡᄒᆞ여ᄀᆞᆯ오ᄃᆡ한새엄ᄌᆞ릉이벼
ᄉᆞᆯ아니ᄒᆞ거ᄂᆞᆯ광무황뎨그ᄠᅳᆺ을조차노하보내
시니이제길ᄌᆡ가기롤구ᄒᆞ거든제ᄆᆞᄋᆞᆷ대로ᄒᆞ
게ᄒᆞ쇼셔 샹이허락ᄒᆞ여도라보내시고그집
을복ᄒᆞ오ᄒᆞ엿더니 셰종대왕이 태종명을밧
ᄌᆞ와길ᄌᆡ의아ᄃᆞᆯ을벼ᄉᆞᆯᄒᆞ이시고ᄌᆡᄂᆞᆫ좌ᄉᆞ간
을류증ᄒᆞ시다

原桂陷陣
本朝

金原桂爲泥城萬戶洪武丁丑倭賊寇宣州率兵赴援倭賊戰敗解圍去原桂乘勝逐之突入虜中遂爲賊所害諫官上言原桂素有驍勇之才提孤軍解重圍全城於幾陷追亡逐北突衝陷陳矢盡力窮竟以不振以一身之死易萬民之命其功烈烈死且不朽乞令攸司贈官且於本處立祠叙錄子孫奬慰忠魂

敎可

詩倭奴窺伺肆頑兇來寇宣城疾若風鐵甲將軍心膽壯解圍摧敵樹邊功　長驅遠鬬救危城臨難何曾愛此生義氣凛然忠貫日聖朝追贈重褒

旌

김원계ᄂᆞᆫ 본됴사ᄅᆞᆷ이니셔로변쟝으로잇더
니홍무뎡뉵에왜적이션쥬ᄅᆞᆯ와티거ᄂᆞᆯ원계군
ᄉᆞᄅᆞᆯ거ᄂᆞ려구원ᄒᆞ니왜병이대패ᄒᆞ여ᄃᆞ라나
거ᄂᆞᆯ원계이긔믈타적진듕의돌입ᄒᆞ엿다가도
적의게죽은배되니ᄃᆡ간이샹소ᄒᆞ여골오ᄃᆡ원
계본ᄃᆡ효용ᄒᆞᆫ지죄잇더니외로온군ᄉᆞᄅᆞᆯ거ᄂᆞ
려위ᄐᆡᄒᆞᆫ셩을보젼ᄒᆞ고적진을츙돌ᄒᆞ다가살
이진ᄒᆞ고힘이궁ᄒᆞ여ᄆᆞᄎᆞᆷ내죽으나ᄒᆞᆫ몸으로
뻐만민의명을밧고니그공이렬렬ᄒᆞ여죽어도

장ᄎᆞᆺ석디아닐디라청컨대관쟉을류즁ᄒᆞ고그
곳의ᄉᆞ당을세우고ᄌᆞ손을벼ᄉᆞᆯᄒᆞ이여륭훈을
위로ᄒᆞ여디이다ᄒᆞᆫ대 샹이좃ᄎᆞ시니라

五倫行實圖卷第二

五倫行實圖卷第三目錄

烈女

趙氏縊輿　徐氏罵死
李氏縊獄　雍氏同死
貞婦淸風　梁氏被殺
明秀具棺　義婦臥冰
童氏皮面　王氏經死
朱氏懼辱　翠哥就烹
寗女貞節　彌妻偕逃
崔氏奮罵　烈婦入江
林氏斷足　金氏撲虎
金氏同窆

伯姬逮火
宋
列國

伯姬魯宣公之女嫁於宋共公公卒嘗遇夜失火左
右曰夫人少避火伯姬曰婦人之義保傅不俱夜不
下堂待保傅來也保母至矣傅母未至也左右又曰
夫人少避火伯姬曰婦人之義傅母不至夜不可下
堂越義而生不如守義而死遂逮於火而死

〔詩〕宮中失火正熺熺煙燄連天半夜時左右縱言
宜少避夫人豈肯婦儀虧　共姬守禮任捐軀婦
道堅貞孰與儔聖筆特書賢節義聲名煥赫至今
留

빅희ᄂᆞᆫ노션공의ᄯᆞᆯ이 오송공공의 안ᄒᆡ라 공공

이죽으매일죽밤에집이블븟트니좌위피ᄒᆞ믈
권ᄒᆞᆫ대빅희골오ᄃᆡ부인의도리ᄂᆞᆫ보뷔부인ᄆᆞᄅᆞ치고기르ᄂᆞᆫ사ᄅᆞᆷ이라업ᄉᆞ면밤의집에ᄂᆞ리디아니ᄒᆞᄂᆞ니보뷔
오기ᄅᆞᆯ기ᄃᆞ리라이윽ᄒᆞ여보뫼니ᄅᆞ니좌위ᄯᅩ
피ᄒᆞ믈권ᄒᆞᆫ대빅희골오ᄃᆡ부뫼오디아니ᄒᆞ여
시니가히집에ᄂᆞ리디못ᄒᆞᆯ디라의ᄅᆞᆯ어 그ᄅᆞᆺ고
사ᄂᆞᆫ거ᄉᆞᆫ의ᄅᆞᆯ딕희여죽ᄂᆞ니만못ᄒᆞ다ᄒᆞ고드
듸여블에밋처죽으니라

五倫行實圖
女宗知禮
列國
宋

女宗鮑蘇之妻蘇仕衛三年而娶外妻女宗養姑愈敬因往來者請問其夫賂遺外妻甚厚女宗姒謂曰可以去矣女宗曰何故姒曰夫人既有所好子何留乎女宗曰婦人一醮不改夫死不嫁執麻枲治絲繭織紝組紃以供衣服澈漠酒醴羞饋食以事舅姑以專一爲貞以善從爲順豈以專夫室之愛爲善哉且婦人有七見去夫無一去義七去之道妬正爲首淫僻竊盜長舌驕侮無子惡病皆在其後吾姒不教以居室之禮而反欲使吾爲見棄之行將安所用事姑愈謹宋公聞之表其閭號曰女宗

(詩)君子當年娶外妻恩情雖隔豈含悽養姑不懈
誠彌切千古芳名孰與齊　閨門嫉妬是常情賂
遺還能出至誠稱號女宗非溢美開陳婦禮甚分
明

녀종은송나라포소의안ᄒᆡ라지아비위나라에
가삼년을벼ᄉᆞᆯᄒᆞ여다ᄅᆞᆫ쳐ᄅᆞᆯ취ᄒᆞ니녀종이싀
어미봉양ᄒᆞ믈더옥공경ᄒᆞ고그지아비게문안
ᄒᆞᆯ제다ᄅᆞᆫ안ᄒᆡ의게지믈을후히보내니동셰닐
오ᄃᆡ지아비이믜다ᄅᆞ니ᄅᆞᆯᄉᆞ랑ᄒᆞ거ᄂᆞᆯ그ᄃᆡ엇
디머므러잇ᄂᆞ뇨녀종이ᄀᆞᆯ오ᄃᆡ겨집이ᄒᆞᆫ번혼

인ᄒᆞ매지아비죽어도졀을곳치디아니ᄒᆞ고질삼ᄒᆞ며음식을ᄆᆞ초와싀부모ᄅᆞᆯ셤기ᄂᆞᆫ니엇디지아븨ᄉᆞ랑이젼일티못ᄒᆞ므로ᄆᆞᄋᆞᆷ을곳치리오칠거(안ᄒᆡ내칠죄닐곱이라)지악에새옴이웃듬이라날로ᄒᆞ여곰웃듬죄ᄅᆞᆯ범ᄒᆞ라ᄒᆞᄂᆞᆫ다ᄒᆞ고싀어미셤기기ᄅᆞᆯ더옥삼가ᄒᆞ니송나라님군이듯고그집을졍문ᄒᆞ고일홈ᄒᆞ여골오ᄃᆡ녀종이라ᄒᆞ니라

殖妻哭夫
列國
齊

齊莊公襲莒杞梁殖戰而死莊公歸遇其妻使使者弔之於路杞梁妻曰今殖有罪君何辱命焉若令殖免於罪則賤妾有先人之敝廬在下妾不得與郊弔於是莊公乃弔諸其室而去杞梁之妻無子內外皆無五屬之親旣無所歸乃枕其夫之屍於城下而哭內誠動人道路過者莫不爲之揮涕十日而城爲之崩旣葬曰吾何歸矣夫婦人必有所依者父在則依父夫在則依夫子在則依子今吾上則無父中則無夫下則無子內無所依以見吾誠外無所依以見吾節吾豈能更二哉亦死而已遂赴淄水而死

詩良人不返最堪哀郊弔焉能偶愛廻城下枕屍終善哭國人揮涕豈徒哉 依歸何所見吾誠更二無心愛此生遂赴淄流輕一死至今嗚咽帶愁聲

졔나라쟝공이게ᄡᅡ홀틸ᄉᆡ긔량식이ᄡᅡ화죽으니쟝공이도라오다가길ᄒᆡ셔식의쳐ᄅᆞᆯ만나ᄉᆞ쟈로ᄒᆞ여곰됴상ᄒᆞ니식의쳐ᄀᆞᆯ오ᄃᆡ내지아비죄에죽디아니ᄒᆞ여실딘대내집이이시니엇디들에셔됴상을바드리오쟝공이이에그집의가됴상ᄒᆞ고가니라식의쳐ᄌᆞ식과친쳑이업ᄉᆞᆫ디라그지아비죽엄을셩아래누이고슬피우니디나ᄂᆞᆫ사ᄅᆞᆷ이다눈믈을ᄲᅳ리고열흘을우니셩이절로문허디더라이믜영장ᄒᆞ매ᄀᆞᆯ오ᄃᆡ겨집이반ᄃᆞ시의지ᄒᆞᆯ곳이잇ᄂᆞ니내우흐로부뫼업고가온대로지아비업고아래로ᄌᆞ식이업ᄂᆞᆫ디라내졍셩과절의ᄅᆞᆯ뵐ᄃᆡ업ᄉᆞ니ᄯᅩᄒᆞᆫ죽을ᄯᆞᄅᆞᆷ이라ᄒᆞ고츼슈(믈일홈이라)의ᄲᅡ져죽으니라

宋女不改
列國
蔡

蔡人妻宋人之女也旣嫁而夫有惡疾其母將改嫁之女曰夫之不幸乃妾之不幸也奈何去之適人之道一與之醮終身不改不幸遇惡疾彼無大故又不遣妾何以得去終不聽

詩 束楚綢繆夜向深三星燦燦彼蒼臨良人不幸合罹疾天只如何欲奪心　翻雲覆雨是人情況乃慈親計已成一醮獨能終不改靑編萬古有高名

채나라사ᄅᆞᆷ의안ᄒᆡᄂᆞᆫ송나라사ᄅᆞᆷ의ᄯᆞᆯ이니지아비악질이잇거ᄂᆞᆯ그어미가ᄒᆞᆼ이려ᄒᆞᆫ대송

녜ᄀᆞᆯ오ᄃᆡ지아비블힝ᄒᆞ믄나의블힝ᄒᆞ미라겨
집이효번셔방마ᄌᆞ매몸이ᄆᆞᆺ도록곳치디아니
ᄒᆞᄂᆞ니블힝ᄒᆞ여사오나온병을어더신들뎨큰
연괴업고날을ᄇᆞ리디야니ᄒᆞ거ᄂᆞᆯ내엇디ᄇᆞ리
리오ᄒᆞ고ᄆᆞᄎᆞᆷ내듯디아니ᄒᆞ니라

高行割鼻
列國
梁

高行梁之賢婦早寡不嫁梁貴人爭欲娶之不能得梁王聞之使相聘焉高行曰妾聞婦人之義一往而不改以全貞信之節忘死而趨生是不信也慕貴而忘賤是不貞也棄義而從利無以爲人乃援鏡持刀以割其鼻曰妾已刑矣所以不死者不忍幼弱之重孤也王之求妾者以其色也今刑餘之人殆可釋矣於是相以報王大其義高其行乃復其身尊其號曰高行

詩 貴人求娶謾紛爭千乘侯王聘未行自道婦人貞信耳豈容忘死却趨生　持刀割鼻作刑餘幼

稱重孤可忍諸相以報來終自釋梁王錫號亦猗歟

고힝은냥나라어딘부인이니일즉홀로되여슈졀ᄒᆞ고잇더니냥나라귀인들이ᄃᆞ토와취코져ᄒᆞᄃᆡ엇디못ᄒᆞ더니님군이그고으믈듯고졍승으로ᄒᆞ여곰빙폐ᄒᆞᆫ대고힝이ᄀᆞᆯ오ᄃᆡ겨집의도리ᄂᆞᆫᄒᆞᆫ번셔방마ᄌᆞ매곳치미업ᄂᆞ니의ᄅᆞᆯᄇᆞ리고부귀ᄅᆞᆯᄯᆞᆯ오믄더옥사ᄅᆞᆷ의ᄒᆞᆯ배아니라ᄒᆞ고칼로그코ᄅᆞᆯ버혀ᄀᆞᆯ오ᄃᆡ님군이날을구ᄒᆞ믄그식을취ᄒᆞ미라이제형별ᄒᆞᆫ사ᄅᆞᆷ이되여시니므

어시쁘리 오내죽디아니ᄒᆞ믄어린ᄌᆞ식을위ᄒᆞ
미라ᄒᆞ니냥왕이듯고그의ᄅᆞᆯ크게녁이며그ᄒᆡᇰ
실을놉히너겨복호ᄒᆞ고일홈ᄒᆞ여ᄀᆞᆯ오ᄃᆡ고ᄒᆡᇰ
이라ᄒᆞ다

五倫行實圖 卷三 烈女 十一

京師節女長安人其夫有仇人欲報其夫而無道閒其妻之仁孝有義乃劫其妻之父使要其女爲中謪父呼其女告之女念不聽則殺父不孝聽則殺夫不義不孝不義雖生不可以行於世欲以身當之乃且許諾曰朝日在樓上新沐東首臥則是矣妾請開戶待之還家乃告其夫使臥他所自沐居樓上東首開戶而臥夜半仇家果至斷頭持去明而視之乃其妻之頭也仇人痛之以爲有義遂釋不殺其夫

詩 吾聞節女代夫牀能使仇家不敢傷計較兩端輕與重平生孝義一身當 中宵新沐獨含情白

刃加身庶自明縱釋良人置生地留芳青史樹風聲

절녀ᄂᆞᆫ한나라댱안사ᄅᆞᆷ이니그지아비원슈잇
사ᄅᆞᆷ이이셔지아비ᄅᆞᆯ죽이고져ᄒᆞᄃᆡ길히업서
ᄒᆞ더니절녀의효셩이시믈듯고절녀의아비ᄅᆞᆯ
협박ᄒᆞ야그ᄯᆞᆯᄃᆞ려닐러그지아비ᄅᆞᆯ죽이게ᄒᆞ
라ᄒᆞᆫ대그아비ᄯᆞᆯᄃᆞ려니ᄅᆞ니절네아니듯고져
ᄒᆞᆫ즉도적이아비ᄅᆞᆯ죽일거시오드른즉지아비
ᄅᆞᆯ죽일디라이에몸으로ᄡᅥ당ᄒᆞ려ᄒᆞ야거즛허
락ᄒᆞ여ᄀᆞᆯ오ᄃᆡ닉일아ᄎᆞᆷ의다락우희새로마리

감고동으로누엇는사ᄅᆞᆷ이내지아비니와셔죽이라내문을열고기ᄃᆞ리리라ᄒᆞ고도라와지아비ᄅᆞᆯ권ᄒᆞ야다른ᄃᆡ누이고스ᄉᆞ로지아비누엇던ᄃᆡ누어시니밤이깁흐매원슈사ᄅᆞᆷ이와마리ᄅᆞᆯ버혀갓다가보니절녀의마리라원슈사ᄅᆞᆷ이감동ᄒᆞ여그지아비ᄅᆞᆯ죽이디아니ᄒᆞ니라

卷三 烈女

十二

陳文矩妻字穆姜有二男而前妻四子文矩爲安衆令喪於官四子以母非所生憎毁日積而穆姜撫字益隆衣食資供皆兼倍所生前妻子興遇疾困篤母親調藥膳恩情篤密興疾瘳呼三弟謂曰繼母慈仁吾兄弟不識恩養雖母道益隆我曹過惡深矣遂將三弟詣南鄭獄陳母德狀已過乞就刑辟縣言之於郡表異其母蠲除家傜遣散四子許以脩革自後訓導愈明並爲良士

詩移天已喪在惸惸撫育諸孤倍所生訓導愈明隆母道終敎悔悟有賢名　義子頑愚視若讎那

知慈母似鳲鳩終然悔過爭歸獄始信人心本不渝

한적진문구의후처의ᄌᆞᄂᆞᆫ목강이니아ᄃᆞᆯ둘흘나코젼처의게아ᄃᆞᆯ비히잇더니문귀안듕ᄡᅡ원이되엿다가임소에셔죽으니젼처의네아ᄃᆞᆯ이목강을제어미아니라ᄒᆞ야훼방ᄒᆞ며믜워ᄒᆞ기날로심ᄒᆞ되목강이ᄉᆞ랑ᄒᆞ기를더옥극진히ᄒᆞ여나흔조식에셔더ᄒᆞ더라젼처의ᄆᆞᆺ아ᄃᆞᆯ흥이병드럿거ᄂᆞᆯ목강이친히약과음식을보ᄉᆞᆯ펴은정이더옥깁흐니흥이병이나아세아ᄋᆞᄃᆞ려닐

려ᄀᆞᆯ오ᄃᆡ계뫼우리ᄅᆞᆯ깁히ᄉᆞ랑ᄒᆞ시거ᄂᆞᆯ우리
은혜ᄅᆞᆯ모로고셤기믈무상이ᄒᆞ여시니죄악이
만토다ᄒᆞ고세아ᄋᆞᄅᆞᆯ드리고고올옥으로나아
가계모의어딘덕올고ᄒᆞ고스ᄉᆞ로형별닙기ᄅᆞᆯ
청ᄒᆞ니원이거특이녀겨그어미ᄅᆞᆯ표쟝ᄒᆞ고집
을복호ᄒᆞ엿더니그후에목강이여러아ᄃᆞᆯ을마
ᄅᆞ쳐다어딘션비되니라

五倫行實圖 卷二 烈女 十四

貞義刎死 漢

樂羊子妻不知何氏女羊子嘗行路得遺金一餠還以與妻妻曰妾聞志士不飮盜泉之水廉者不受嗟來之食況拾遺求利以汙其行乎羊子大慙乃捐金於野而遠尋師學七年不返妻常躬勤養姑又遠饋羊子嘗有他舍雞謬入園中姑盜殺而食之妻對雞不餐而泣姑恠問其故妻曰自傷居貧使食有他肉姑竟棄之後盜有欲犯妻者乃先劫其姑妻聞操刀而出盜曰釋汝刀從我可全不從我則殺汝姑妻仰天而歎舉刀刎頸而死盜亦不殺其姑太守聞之捕殺盜而賜妻縑帛以禮葬之號曰貞義

詩 路拾黃金恥古人竊烹隣畜泣家貧姑能遷善郞勤學幾諫從容婦德新 有盜來侵首刧姑謂言從己可全軀舉刀刎頸摧肝膽義烈貞姿照畵

圖

한적악양지길히셔드른금ᄒᆞᆫ덩이ᄅᆞᆯ어더도라와그쳐ᄅᆞᆯ준대쳬ᄀᆞᆯ오ᄃᆡ쳡은드ᄅᆞ니ᄠᅳᆺ잇ᄂᆞᆫ션비ᄂᆞᆫ도쳔(도적도ᄌᆞ로일홈지은믈이라)읫믈을먹디아니ᄒᆞ고쳥렴ᄒᆞᆫ사ᄅᆞᆷ은차릐(허ᄎᆞ며오라ᄒᆞᄂᆞᆫ말이라)ᄒᆞᄂᆞᆫ음식을먹디아니ᄒᆞ다ᄒᆞᄂᆞ니엇디길ᄒᆡ드른거ᄉᆞᆯ주어그ᄒᆡᆼ실을더러이리오ᄒᆞ니양지크게븟그려금을내여ᄇᆞ

리고스승을조차글ᄇᆡ화칠년을도라오디아니ᄒᆞ니쳬싀어미ᄅᆞᆯ지셩으로봉양ᄒᆞ며ᄯᅩ먼리지아비ᄅᆞᆯ공궤ᄒᆞ더니싀어미니옷집ᄃᆞᆰ을잡아쟝ᄎᆞᆺ먹으려ᄒᆞᆯᄉᆡ양조의쳬ᄃᆞᆰ을보고우러ᄀᆞᆯ오ᄃᆡ집이가난ᄒᆞ여밥상에ᄂᆞᆷ의집고기이시니이는나의블효ᄒᆞ미로다ᄒᆞ대싀어미붓그려그고기ᄅᆞᆯᄇᆞ리니라후의도적이그쳐ᄅᆞᆯ범ᄒᆞ고져ᄒᆞ여몬져그싀어미ᄅᆞᆯ겁박ᄒᆞ니쳬칼을들고나오거ᄂᆞᆯ도적이ᄀᆞᆯ오ᄃᆡ네날을좃디아니면네싀어미ᄅᆞᆯ죽이리라쳬하ᄂᆞᆯ을우러러기리탄식ᄒᆞ고칼

을드러며달려죽으니도적이또효식어미롤노
코갓더니고을원이도적을잡아죽이고녜로뼈
영장ᄒᆞ고일홈ᄒᆞ여굴오되텽의라ᄒᆞ니라

禮宗罵卓 漢

禮宗皇甫規妻不知何氏女規卒妻年猶盛而容色美董卓爲相國承其名聘以輧輜百乘馬二十匹奴婢錢帛充路妻乃輕服詣卓門跪自陳請辭甚酸愴卓使侍者拔刀圍之而謂曰孤之威教欲令四海風靡何有不行於一婦人乎妻知不免乃立駡卓曰君羌胡之種毒害天下猶未足耶妾之先人淸德奕世皇甫氏文武上才爲漢忠臣君親非其趣使走吏乎敢欲行非禮於爾君夫人耶卓乃引車庭中以其頭懸軛鞭撲交下妻謂持杖者曰何不重乎速盡爲惠遂死車下後人圖畫號曰禮宗

(詩)清德傳家節自純肯從兇豎浼吾身縱然四海皆風靡威令難施一婦人 不畏庭前列劒鋒陳辭立罵儘從容甘心一死全清節後世圖形號禮宗

녜종은한쳑황보규의쳬니귀죡으매녜종이오히려졈고얼골이아ᄅᆞᆷ다오니반젹동탁이그고으믈듯고술위빅승과ᄆᆞᆯ이십필과노비와지믈을주고다리거ᄂᆞᆯ녜종이탁의집의가슬피비니탁이모든군ᄉᆞ로ᄒᆞ여곰에위ᄡᆞ고칼로저혀ᄀᆞᆯ오ᄃᆡ내위엄이텬하에힝ᄒᆞᄂᆞ니엇디ᄒᆞᆫ겨집을

이긔디못ᄒᆞ리오녜종이욕을면티못ᄒᆞᆯ줄알고
셔셔탁을ᄭᅮ지저ᄀᆞᆯ오ᄃᆡ너ᄂᆞᆫ오랑캐ᄲᅵ라텬하
ᄅᆞᆯ독해ᄒᆞ고오히려족디못ᄒᆞ여날을핍박ᄒᆞ고
져ᄒᆞᄂᆞ냐탁이대노ᄒᆞ여녜종의마리ᄅᆞᆯ술위채
에ᄃᆞᆯ고매로어즈러이티니녜종이ᄀᆞᆯ오ᄃᆡ미이
려수이죽게ᄒᆞ라ᄒᆞ고인ᄒᆞ여술위아래셔죽으
니후사ᄅᆞᆷ이그열골을그리고일홈ᄒᆞ여ᄀᆞᆯ오ᄃᆡ
녜종이라ᄒᆞ니라

媛姜解梏
漢

盛道妻趙氏字媛姜建安五年益部亂道聚衆起兵事敗夫妻執繫當死媛姜夜中告道曰法有常刑必無生望君可速潛逃建立門戶妾自留獄代君塞咎道依違未從媛姜便解道桎梏爲齎糧貨子翔年五歲使道攜持而走媛姜代道持夜應對不失度道已遠乃以實告吏應時見殺道父子會赦得歸道感其義終身不娶

詩 淑人趙氏字媛姜塞咎捐生最可傷父子俱全門戶立終身不娶義難忘　盛道胡爲欲弄兵渾家繫獄勢難生賢媛代戮存宗祀竹帛千秋有令

名

한적셩도의쳐됴시의ᄌᆞᄂᆞᆫ원강이니셩되죄에
걸려부쳐옥에갓텨쟝ᄎᆞᆺ죽게되니원강이밤에
도ᄃᆞ려닐러골오ᄃᆡ이제ᄂᆞᆫ살길히업ᄉᆞ니그ᄃᆡ
ᄂᆞᆫ셜리도망ᄒᆞ여문호ᄅᆞᆯ보젼ᄒᆞ라내그ᄃᆡᄅᆞᆯᄃᆡ
신ᄒᆞ여옥에머믈리라ᄒᆞ고지아뵈칼을벗기고
량식을ᄡᅡ주어어린아ᄃᆞᆯ을ᄃᆞ리고ᄃᆞ라나게ᄒᆞ
고원강이지아비먼리가믈헤아리고실로뻐고
ᄒᆞ여죽으니후에셩되대샤ᄅᆞᆯ만나도라와몸이
ᄆᆞᆺ도록다른안ᄒᆡᄅᆞᆯ취티아니ᄒᆞ니라

令女截耳 三國 魏

曹爽從弟文叔妻夏侯文寧之女名令女文叔蚤死服闋自以年少無子恐家必嫁已乃斷髮爲信後家果欲嫁之令女復以刀截兩耳居止常依爽及爽被誅曹氏盡死文寧憐其少執義又曹氏無遺類冀其意阻乃微使人風之令女泣曰吾亦惟之許之是也家以爲信防之少懈令女竊入寢室以刀斷鼻蒙被而臥母呼不應發被視之血流滿床席擧家驚惶往視之莫不酸鼻或謂曰人生世間如輕塵棲弱草耳何辛苦乃爾且夫家夷滅已盡欲誰爲哉令女曰聞仁者不以盛衰改節義者不以存亡易心曹氏盛時

尙欲保終況今衰亡何忍棄之禽獸之行吾何爲乎

詩 斷髮無他露至誠爺孃何欲奪其情伺間劓刵仍蒙被血滿床頭孰不驚 夫家夷滅復依誰此是常情所忽時令女不將衰與盛始終如一行無虧

위나라조상의ᄉᆞ촌아ᄋᆞ문슉의쳐ᄂᆞᆫ하후문녕의ᄯᆞᆯ이니일홈은녕녀라문슉이일즉죽으니녕녀스ᄉᆞ로ᄉᆡᆼ각호ᄃᆡ나히졈고ᄌᆞ식이업ᄉᆞ니본집에셔미가ᄒᆞᆯ일가두려ᄒᆞ야마리털을버혀ᄆᆡᆫ을표ᄒᆞ엿더니후에어버이과연다시셔방맛치

고져ᄒᆞ거ᄂᆞᆯ녕녜두귀ᄅᆞᆯ버히고조샹의게의지
ᄒᆞ엿더니샹의집이멸ᄒᆞ매어버이녕녀ᄅᆞᆯ블샹
이녀겨싀집이망ᄒᆞ여시니그ᄠᅳᆺ이혹다ᄅᆞᆯ가ᄒᆞ
여ᄂᆞᆫᄌᆞ시사ᄅᆞᆷ으로ᄒᆞ여곰녕녀ᄅᆞᆯ다래니녕녜
거ᄌᆞᆺ허락ᄒᆞ고ᄀᆞ만이자ᄂᆞᆫ방에드러가칼로코
ᄅᆞᆯ버히고니블을무ᄅᆞᆸᄡᅳ고누어셔어미브ᄅᆞᆫᄃᆡ
ᄃᆡ답디아니ᄒᆞ거ᄂᆞᆯ니블을들고보니피흘려자
리에ᄀᆞ득ᄒᆞ엿ᄂᆞᆫ디라온집이경황ᄒᆞ여가보고
코히싀여아니리업ᄉᆞ니혹이ᄀᆞᆯ오ᄃᆡ사ᄅᆞᆷ이셰
샹에이시매가비야온ᄐᆡᆺ글이약ᄒᆞᆫ플에부치임

ᄀᆞᆺ거늘엇디괴로오믈뎌러ᄐᆞ시ᄒᆞᄂᆞ뇨ᄯᅩ싀집
이다망ᄒᆞ여시니눌을위ᄒᆞ려ᄒᆞᄂᆞᆫ다녕녜ᄀᆞᆯ오
되어던쟈ᄂᆞᆫ셩쇠로졀을곳치디아니코의ᄒᆞᆫ쟈
ᄂᆞᆫ존망으로ᄆᆞ옴을밧고디아니ᄒᆞᄂᆞ니싀집이
젼셩ᄒᆞᆯ새에도오히려보젼ᄒᆞ여죵신코져ᄒᆞ거
ᄃᆞᆫᄒᆞ믈며망ᄒᆞ여시니엇디ᄎᆞ마ᄇᆞ리리오금슈
의힝실을나ᄂᆞᆫ아니ᄒᆞ리라ᄒᆞ더라

王氏感燕 南北朝宋

王氏霸城王整之姊嫁爲衞敬瑜妻年十六而敬瑜亡父母舅姑咸欲嫁之乃截耳置盤中爲誓乃止遂手爲亡壻種樹數百株墓前柏樹忽成連理一年許還復分散女乃爲詩曰墓前一株柏根連復並枝妾心能感木頹城何足奇所住戶有鷰巢常雙飛來去後忽孤飛女感其偏棲乃以縷繫脚爲誌後歲此鷰果復更來猶帶前縷女復爲詩曰昔年無耦去今春猶獨歸故人恩既重不忍復雙飛雍州刺史西昌侯藻嘉其美節乃起樓於門題曰貞義衞婦之閭又表於臺

(詩) 年少夫亡最可憐爺孃欲嫁節彌堅跣行剪髮終無改凜冽高風罕比肩 雌燕依棲節婦堂孤飛往復數年強主人已逝竟誰托不食哀鳴死冢傍

왕시ᄂᆞᆫ송나라위경유의쳬니나히십뉵세에경위죽으니부모와싀부뫼ᄀᆡ가ᄒᆞ이려ᄒᆞᆫ대왕시스ᄉᆞ로귀ᄅᆞᆯ버히고ᄆᆡᆼ셰ᄒᆞ여ᄀᆡ가ᄒᆞ디아니ᄒᆞ고지아비무덤알ᄑᆡ손으로나모수ᄇᆡᆨ쥬ᄅᆞᆯ심것더니그둥잣남기홀연히년리(두나모결이ᄒᆞᆫᄃᆡ년ᄒᆞᆫ거시라)되엿다가ᄒᆞᆫᄒᆡ만에도로ᄂᆞᆫ호이니왕시글을지어ᄀᆞᆯ오

ᄃᆡ묘젼에ᄒᆞᆫ쥬남기불회년ᄒᆞ고가지아올랏도
다쳡의ᄆᆞᄋᆞᆷ이능히남글감동ᄒᆞ게ᄒᆞ니긔량쳐
의셩을문희치미엇디죡히긔특ᄒᆞ리오ᄒᆞ엿더
라잇ᄂᆞᆫ곳창우희져비깃드려ᄆᆡ양빵빵이왕ᄂᆡ
ᄒᆞ다가홀연이암져비외로이ᄂᆞ라ᄃᆞᆫ니니왕시
감창ᄒᆞ여실로져비발에ᄆᆡ여보람ᄒᆞ엿더니ᄂᆡ
년에다시와오히려실을ᄯᅴ엿거ᄂᆞᆯ왕시다시글
을지어곰오ᄃᆡ녯ᄒᆡ에ᄧᅡᆨ이업시가더니올봄에
오히려홀로도라오도다고인이은졍이듕ᄒᆞ니
ᄎᆞ마다시빵으로ᄂᆞ디아니ᄒᆞᄂᆞᆫ도다ᄒᆞ니그ᄉᆡ

사ᄅᆞᆷ이 왕시의 졀을 아ᄅᆞᆷ다이 너겨 그 집문에 누
ᄅᆞᆯ 짓고 뼈ᄅᆞᆯ 오ᄃᆡ 뎡의 위부지문이라 ᄒᆞ다

崔氏見射
隋

趙元楷妻崔氏甚有禮度宇文化及之反元楷隨至河北將歸長安至滏口遇盜僅以身免崔爲賊所拘請以爲妻崔曰我士大夫女爲僕射子妻今日破亡自可卽死終不爲賊婦羣賊毀裂其衣縛於牀簀之上將陵之崔懼爲所辱詐之曰今力已屈當受處分賊遂釋之妻因取賊刀倚樹而立曰欲殺我任加刀鋸若覓死可來相逼賊大怒亂射殺之

詩 流離避賊勢蒼皇滏口途中遇犬羊陵辱百端終不屈凜然高節逼秋霜

權辭只爲力難支覗死如歸不可追惟有當時一株樹年年蕭瑟使人

悲

슈나라됴원ᄒᆡ의쳐최시일즉녜법이잇더니우
문화급의난리에부체피란ᄒᆞ야당안으로오다
가길ᄒᆡ셔도적을만나지아비ᄂᆞᆫ계요면ᄒᆞ여ᄃᆞ
라나고최시잡히인배된디라도적이쳥ᄒᆞ여안
ᄒᆡ삼고져ᄒᆞ거ᄂᆞᆯ최시ᄀᆞᆯ오ᄃᆡ나ᄂᆞᆫᄉᆞ태우의ᄯᆞᆯ
이오지샹의며ᄂᆞ리라죽을디언뎡엇디도적의
겨집이되리오모든도적이최시ᄅᆞᆯ상우ᄒᆡ결박
ᄒᆞ고핍박ᄒᆞ고져ᄒᆞ거ᄂᆞᆯ최시욕을볼가두려거
즛ᄀᆞᆯ오ᄃᆡ이제ᄂᆞᆫ힘이굴ᄒᆞ여시니너ᄅᆞᆯ조ᄎᆞ리

라ᄒᆞ니도적이프러노커ᄂᆞᆯ최시도적의칼을아
사쥐고남글의지ᄒᆞ여셔셔ᄀᆞᆯ오ᄃᆡ날을죽이면
내예셔죽으려니와날을겁박ᄒᆞ면이칼로디ᄅᆞᆯ
거시니죽으려ᄒᆞ거든갓가이오라ᄒᆞ니도적이
대노ᄒᆞ여어즈러이ᄡᅩ아죽이니라

淑英斷髮 唐

李德武妻裵氏字淑英安邑公矩之女以孝聞鄕黨德武在隋坐事徙嶺南時嫁方踰歲矩表離婚德武謂裵曰我方貶無還理君必儷他族于此長訣矣答曰夫天也可背乎願死無他欲割耳誓保姆持不許夫姻婭歲時朔望裵致禮惟謹居不御薰澤讀列女傳見述不更嫁者謂人曰不踐二庭婦人之常何異而載之書後十年德武未還矩決嫁之斷髮不食矩知不能奪聽之德武更娶爾朱氏遇赦還中道聞其完節乃遣後妻爲夫婦如初

〔詩〕嫁方踰歲樂初酣坐事移天配嶺南長訣一言

貞激切不歸他族死猶甘　剪髮焦心守一閨胡
爲德武納他妻赦還中道聞完節相好如初復與
齊

당나라니덕무의쳐비시의ᄌᆞᄂᆞᆫ슉영이니안읍
공비구의ᄯᆞᆯ이라효ᄒᆡᆼ으로향당에유명ᄒᆞ더니
덕무죄에걸려녕남의귀향갈ᄉᆡ이ᄯᆡ에슉영의
셔방마ᄌᆞᆫ디계요ᄒᆞᆫ히라아비상소ᄒᆞ여니이ᄒᆞ
니덕뮈슉영ᄃᆞ려닐러ᄀᆞᆯ오ᄃᆡ내이제귀향가매
도라올리업ᄉᆞ니그ᄃᆡ반ᄃᆞ시다ᄅᆞᆫ사ᄅᆞᆷ을조출
거시니오ᄂᆞᆯ영결ᄒᆞ노라슉영이ᄀᆞᆯ오ᄃᆡ지아비

ᄂᆞᆫ하ᄂᆞᆯ이라엿더ᄇᆡ반ᄒᆞ리오죽어도다ᄅᆞᆫᄠᅳᆮ이
업ᄉᆞ리라ᄒᆞ고귀ᄅᆞᆯ버혀ᄆᆡᆼ셰ᄒᆞ고져ᄒᆞ거ᄂᆞᆯ좌
위븟드러말리다ᄆᆡ양셰시면ᄉᆡ겨ᄅᆡ게문안ᄒᆞ
고단장을폐ᄒᆞ고녈녀뎐을닑다가ᄆᆡ가아니효
사ᄅᆞᆷ긔록ᄒᆞᆫ일을보고ᄀᆞᆯ오ᄃᆡ두사ᄅᆞᆷ의ᄯᅳᆯ을ᄇᆞᆲ
디아니ᄒᆞ기ᄂᆞᆫ부인의응당ᄒᆞᆫ일이니므어시이
샹ᄒᆞᆫ일이라ᄒᆞ고칙에올렷ᄂᆞᆫ고ᄒᆞ더라십년이
더나ᄃᆡ지아비도라오더못ᄒᆞ니아비결단ᄒᆞ여
ᄆᆡ가ᄒᆞ이려ᄒᆞ거ᄂᆞᆯ슉영이마리털을버히고밥
을먹디아니ᄒᆞ니아비그ᄠᅳᆺ을ᄆᆞᄎᆞᆷ내앗디못ᄒᆞ

엿더니덕뮈뎍소에셔다른쳐ᄅᆞᆯ취ᄒᆞ엿다가후
에샤ᄅᆞᆯ만나노히여도라와듕노에셔슉영의슈
졀ᄒᆞ믈알고후쳐ᄅᆞᆯ네여보내고슉영과다시부
뷔되여녜와ᄀᆞ티사니라

魏氏斬指
唐

樊彥琛妻魏氏揚州人彥琛病魏曰公病且篤不忍公獨死彥琛曰死生常道也幸養諸孤使成立相從而死非吾取也彥琛卒值徐敬業難陷兵中聞其知音令鼓箏魏曰夫亡不死而逼我管絃禍由我發引刀斬其指軍伍欲彊妻之固拒不從乃刃擬頸曰從我者不死魏厲聲曰狗盜乃欲辱人速死吾志也遂見害

〔詩〕合巹曾成偕老期良人乘化盍相隨佩銘幸養諸孤語弔影當時獨自悲 遭時不幸陷兵中逼使彈箏欲玷躬斬指抗辭終遇害畱名千古播貞

風

당나라번언침의쳐위시ᄂᆞᆫ양쥬사ᄅᆞᆷ이니언침이병들매위시ᄀᆞᆯ오ᄃᆡ공의병이듕ᄒᆞ니내ᄎᆞ마홀로사라공의죽ᄂᆞᆫ양을엇디보리오언침이ᄀᆞᆯ오ᄃᆡᄉᆞ싱은뎟뎟ᄒᆞᆫ일이니그ᄃᆡᄂᆞᆫ어린ᄌᆞ식둘을길러셩닙ᄒᆞ미올ᄒᆞᆫ디라ᄯᆞᆯ와죽으믄나의ᄇᆞ라ᄂᆞᆫ배아니라언침이죽은후에위시난리ᄅᆞᆯ만나도적의게잡히이니도적이그음뉼알믈듯고징을ᄐᆞ라ᄒᆞ니위시ᄀᆞᆯ오ᄃᆡ지아비ᄅᆞᆯᄯᆞᆯ와죽디아녓다가날을풍뉴로핍박ᄒᆞ니이ᄂᆞᆫ나의타시

라ᄒᆞ고그손가락을버히니도적이인ᄒᆞ여안히
삼고져ᄒᆞ여칼을목에견우고저혀ᄀᆞᆯ오ᄃᆡ날을
조ᄎᆞ면죽이디아니ᄒᆞ리라위시크게ᄭᅮ지저ᄀᆞᆯ
오ᄃᆡ개ᄀᆞᄐᆞᆫ도적놈아사ᄅᆞᆷ을겁욕ᄒᆞ니ᄲᆞᆯ리죽
이미나의ᄯᅳᆺ이라ᄒᆞᆫ대도적이인ᄒᆞ여죽이니라

李氏負骸
五代

李氏王凝妻凝家青齊之間爲虢州司戶參軍以疾卒于官家素貧一子尚幼李携其子負其遺骸以歸東過開封止旅舍主人見其婦人獨携一子而疑之不許其宿李顧天已暮不肯去主人牽其臂而出之李仰天長慟曰我爲婦人不能守節而此手爲人執邪不可以一手并汚吾身卽引斧自斷其臂路人見者環聚而嗟之或爲之彈指或爲之泣下開封尹聞之白其事于朝官爲賜藥封瘡厚恤李氏而笞其主人

詩 參軍一日卒於官携幼持骸道路難旅舍日曛

遭辱斥奮然長慟涕汍瀾 執節無如斷臂難行人環視指爭彈當時賴有開封奏恩命翻爲聳聽觀

니시ᄂᆞᆫ오ᄃᆡ적왕응의채니응이곽쥬ᄉᆞ호벼ᄉᆞᆯᄒᆞ엿다가임소에셔죽으니집이가난ᄒᆞ고어린아ᄃᆞᆯᄒᆞᆫ나히잇ᄂᆞᆫ디라니시아ᄃᆞᆯ을잇글고지아븨ᄒᆡ골을지고도라올ᄉᆡ기봉부쌰ᄒᆡ니ᄅᆞ러날이져므러숫막에들려ᄒᆞ니쥬인이그힝식을고이히너겨손목을잇그러내티니니시하ᄂᆞᆯ을우러러탄식ᄒᆞ여ᄀᆞᆯ오ᄃᆡ내겨집이되여놈의게손을잡히니엇디ᄒᆞᆫ손으로뻐온몸을더러이리오 ᄒᆞ고돗긔로그ᄑᆞᆯ을셕어ᄇᆞ리니보ᄂᆞᆫ사ᄅᆞᆷ이눈 믈아니흘리리업더라미봉부윤이듯고그일을 됴뎡의ᄉᆞᆯ와약을주어ᄑᆞᆯ에ᄇᆞ르고그쥬인을죄 주니라

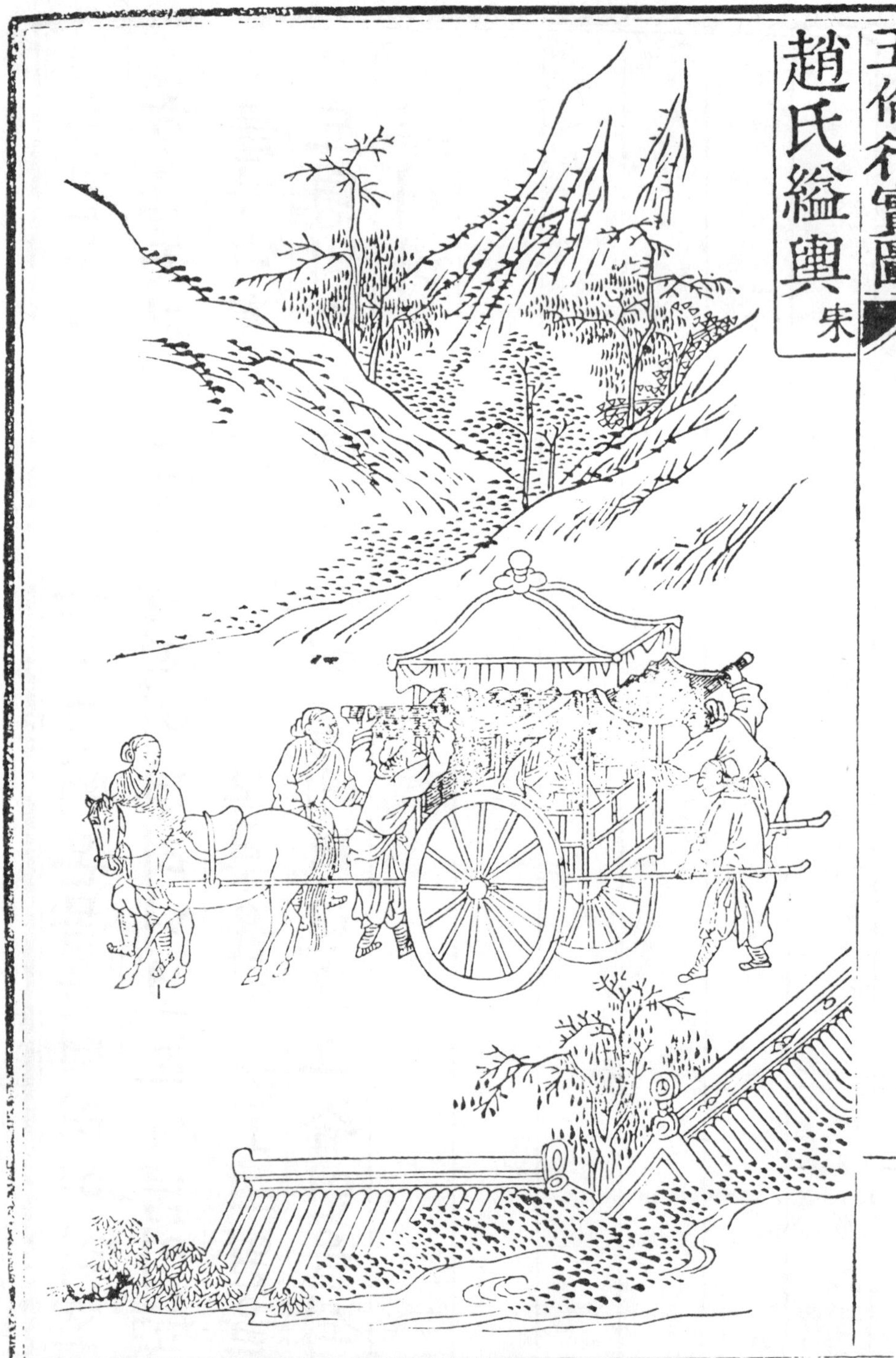
趙氏縊輿
宋

趙氏貝州人王則反聞趙有殊色使人劫致之欲納爲妻趙曰號哭慢罵求死賊愛其色不殺多使人守之趙知不脫乃紿曰必欲妻我宜擇日以禮聘賊從之使歸其家家人懼其自殞得禍于賊益使人守視賊具聘幣盛輿從來迎趙趙與家人訣曰吾不復歸此矣問其故答曰豈有爲賊汚辱至此而尙有生理乎家人曰汝忍不爲家族計趙曰第無患遂涕泣登輿而去至州廨舉簾視之已自縊輿中死矣尙書屯田員外郎張寅有趙女詩

〔詩〕美色從來禍所嬰賊修婚禮強來迎登輿泣與

家人訣汚辱如斯不苟生 就死從容世所難屹
然高義重於山莫言殊色爲身祟留得香名汗竹
間

됴시는송나라패쥬사ᄅᆞᆷ이니반적왕측이그얼
골고으믈듯고겁박ᄒᆞ여안해삼고져ᄒᆞ니됴시
날마다울고ᄭᅮ지저죽기ᄅᆞᆯ구ᄒᆞ되도적이그ᄉᆡᆨ
을앗겨죽이디아니ᄒᆞ고사ᄅᆞᆷ으로딕희니됴시
죽을틈이업서소겨골오ᄃᆡ날을안해삼고져ᄒᆞ
거든틱일ᄒᆞ여녜로마즈라ᄒᆞᆫ대도적이고디드
러집으로도라보내고납채ᄒᆞ고술위와추죵을

셩히ᄒᆞ야됴시ᄅᆞᆯᄃᆞ려올ᄉᆡ됴시집사ᄅᆞᆷ과영결
ᄒᆞ여ᄀᆞᆯ오ᄃᆡ내다시도라오디못ᄒᆞ리라집사ᄅᆞᆷ
이그연고ᄅᆞᆯ무ᄅᆞ니ᄀᆞᆯ오ᄃᆡ엇디도적의게이러
ᄐᆞ시욕을보고살리이시리오ᄒᆞᆫ대집사ᄅᆞᆷ이ᄀᆞᆯ
오ᄃᆡ네ᄎᆞ마집의화ᄅᆞᆯ싱각디아니ᄒᆞᄂᆞᆫ다됴시
ᄀᆞᆯ오ᄃᆡ근심말라ᄒᆞ고눈믈을ᄡᅳ리고술위에올
라가더니집의다ᄃᆞ라발을것고보니볼셔술위
속에목미여죽엇ᄂᆞᆫ디라그ᄣᅢ사ᄅᆞᆷ이됴녀시란
글을지으니라

徐氏罵死 宋

徐氏和州人閨中女適同郡張弼建炎三年金人犯維揚官軍望風奔潰多肆虜掠執徐欲汙之徐瞋目大罵曰朝廷蓄汝輩以備緩急今敵犯行在旣不能赴難又乘時爲盜我恨一女子不能引劒斷汝頭以快衆憤肯爲汝辱以苟活耶第速殺我賊慚恚以刃刺殺之投江中而去

〔詩〕官軍奔潰自相屠徐氏蒼皇被執拘不獨當時全淑行美名今日上新圖　大罵言辭出至忱官軍將卒獨何心至今江水嗚嗚咽多少行人痛憤深

셔시는송나라화쥬사ᄅᆞᆷ이니댱필의쳬되엿더니이ᄯᅢ에금인이텨드러오니관군이패ᄒᆞ야ᄃᆞ라날씨두로노략ᄒᆞ여셔시ᄅᆞᆯ잡아핍박ᄒᆞ고져ᄒᆞ거ᄂᆞᆯ셔시눈을부릅ᄯᅳ고ᄭᅮ지저ᄀᆞᆯ오ᄃᆡ나라히너희ᄅᆞᆯ길러급ᄒᆞᆫᄯᅢ에ᄡᅳ려ᄒᆞ시거ᄂᆞᆯ이제도적이나라ᄒᆞᆯ범ᄒᆞ되능히구티못ᄒᆞ고도로혀어ᄌᆞ려오믈인ᄒᆞ여도적이되니내ᄒᆞᆫ녀ᄌᆞ라너희마리ᄅᆞᆯ버히디못ᄒᆞ믈ᄒᆞᆫᄒᆞᄂᆞ니엇디네게욕을보고구챠히살리오셜리날을죽이라ᄒᆞᆫ대도적이븟그리고노ᄒᆞ여죽여강믈에더디고가니라

李氏縊獄 宋

謝枋得之妻李氏安仁人色美而慧通女訓諸書嫁枋得事舅姑奉祭待賓皆有禮枋得起兵守安仁兵敗逃入閩中武萬戶以枋得豪傑恐其扇變購捕之跟及其家人李携二子匿貴溪山荆棘中採草木而食至元十四年冬元兵蹤跡至山中令曰苟不獲李屠而墟李聞之曰豈可以我故累人吾出事塞矣遂就俘明年徙囚建康或指李言曰明當沒入矣李聞之撫二子而泣左右曰雖沒入將不失爲官人妻何泣也李曰吾豈可嫁二夫耶顧謂二子曰若幸生還善事吾姑吾不得終養矣是夕解裙帶自經獄中死

[詩]良人兵敗走閫中匿跡山林固守窮聞說里閭將累及翻然就獲自當躬、拘四二載欲捐軀泣訣諸兒善事姑志節凜然堪勵俗也宜褒奬繪新圖

송나라샤방득의쳐니시ᄂᆞᆫ안인사ᄅᆞᆷ이니얼골이아ᄅᆞᆷ답고셩품이총혜ᄒᆞ여녯글을아ᄂᆞᆫ디라구고ᄅᆞᆯ셤기고졔ᄉᆞᄅᆞᆯ밧드러다녜도에합ᄒᆞ더니방득이도적과ᄡᅡ호다가패ᄒᆞ여ᄃᆞ라나니도적이간ᄃᆡᄅᆞᆯᄎᆞ자집의니ᄅᆞ니시두아ᄃᆞᆯ을잇글고산듕에드러가가싀덤블속에숨어셔풀을

킈여먹고잇더니도적이ᄯᅡ라와산듕에니르러
녕ᄒᆞ여ᄀᆞᆯ오ᄃᆡ니시ᄅᆞᆯ잡디못ᄒᆞ면온ᄆᆞ올을다
뭇디ᄅᆞ리라니시듯고ᄀᆞᆯ오ᄃᆡ엇디내ᄒᆞᆫ몸으로
여러사ᄅᆞᆷ이죽게ᄒᆞ리오ᄒᆞ고나와사ᄅᆞ잡히니
도적이옥에가도앗더니사ᄅᆞᆷ이니시ᄅᆞᆯ마ᄅᆞ치
며닐오ᄃᆡ닉일은맛당이몰입ᄒᆞ리라ᄒᆞᆫ대니시
이말을듯고두아ᄃᆞᆯ을어ᄅᆞ문지며울거ᄂᆞᆯ좌우
ᄀᆞᆯ오ᄃᆡ비록몰입ᄒᆞ나벼ᄉᆞᆯᄒᆞᄂᆞᆫ사ᄅᆞᆷ의안해될
거시니엇디우ᄂᆞ뇨니시ᄀᆞᆯ오ᄃᆡ내엇디두지아
비ᄅᆞᆯ셤기리오ᄒᆞ고두아ᄃᆞᆯᄃᆞ려닐오ᄃᆡ너희힝

혀사라도라가거든싀어미ᄅᆞᆯ잘셤기라ᄒᆞ고이
날져녁에치마션으로목울ᄆᆡ여옥듕에셔죽으
니라

雍氏同死
宋

雍氏池州通判趙卯發妻元兵徇池州卯發知事不濟謂雍氏曰城將破吾守臣不當去汝先出走雍曰君爲命官我爲命婦君爲忠臣我獨不能爲忠臣之婦乎寧相從於地下卯發笑曰此豈婦人女子所能也雍曰吾請先君死卯發笑止之明日乃散其家貲與弟姪僕婢悉遣之及師薄城卯發晨起書几上曰君不忍叛城不敢降夫婦同死節義成雙遂與雍氏盛服同縊從容堂卯發始爲此堂名以從容及兵劇指所題扁曰吾必死於是明日伯顏領兵入城深歎惜之命具棺衾合葬祭其墓而去

詩元兵南下陷州城去住分明繫死生命婦命官同日縊相從地下是眞情　池州倅趙與妻雍節義成雙罕躡蹤大宋人爲大宋鬼從容堂上自從容

옹시ᄂᆞᆫ지쥬통판됴묘발의톄니원나라군ᄉᆡ지쥬를틸ᄉᆡ묘발이옹시ᄃᆞ려닐러ᄀᆞᆯ오ᄃᆡ셩이파ᄒᆞ게되여시니나ᄂᆞᆫᄯᅡ딕흰신해라가히ᄇᆞ리고가디못ᄒᆞ려니와그ᄃᆡᄂᆞᆫ몬져ᄃᆞ라나라ᄒᆞᆫ대옹시ᄀᆞᆯ오ᄃᆡ그ᄃᆡ튱신이될딘대내엇디튱신의안ᄒᆡ되디못ᄒᆞ리오ᄒᆞᆫ가지로죽어디하의가조ᄎᆞ

리라묘발이우어ᄀᆞᆯ오ᄃᆡ이엇더녀ᄌᆞ의능히ᄒᆞᆯ
배리오옹시ᄀᆞᆯ오ᄃᆡ청컨대몬져죽으리라묘발
이웃고말녓더니이튼날가산을흐터겨ᄅᆡ와죵
들을ᄂᆞᆫ화주어보내고도적이셩밧긔급히니ᄅᆞ
거ᄂᆞᆯ묘발이새뻬니러나셔안우희글을ᄡᅥᄀᆞᆯ오
ᄃᆡ님군을ᄎᆞ마ᄇᆡ반티못ᄒᆞᆯ거시오셩을가히항
복디못ᄒᆞᆯ디라부뷔ᄒᆞᆫ가지로죽어졀의ᄅᆞᆯ빵으
로널우노라ᄒᆞ고드ᄃᆡ여옹시로더브러죵용당
이라ᄒᆞᄂᆞᆫ집의셔홈ᄭᅴ목ᄆᆡ여죽으니이당은묘
발이비로소짓고일홈을죵용이라ᄒᆞ엿더니일

이급ᄒᆞ매당우희현판을ᄆᆞᄅᆞ쳐ᄀᆞᆯ오ᄃᆡ내반ᄃᆞ
시여긔셔죽으리라ᄒᆞ고과연죵용히죽어당일
홈을맛치니라원댱슈빅안이셩에드러와보고
탄식ᄒᆞ기ᄅᆞᆯ마디아니ᄒᆞ고관곽을ᄆᆞ초와부쳐
ᄅᆞᆯ합장ᄒᆞ고무덤에졔ᄒᆞ니라

貞婦清風 宋

王貞婦夫家臨海人德祐二年冬元兵入浙東與其舅姑夫皆被執旣而舅姑與夫皆死主將見婦皙美欲內之婦號慟欲自殺爲奪挽不得死夜令俘四婦人雜守之婦陽謂主將曰以吾爲妻妾者欲令終身善事也吾舅姑與夫死而不爲之衰是不天也不天之人將焉用之願請爲服期卽惟命苟不聽我我終死耳主將恐其誠死許之然防守益嚴明年春師還挈行至嵊縣青楓嶺下臨絕壑婦待守者少懈齧指出血書字山石上南望慟哭自投崖下而死後其血皆漬入石間盡化爲石天且陰雨卽墳起如始書時

元至治中旌爲貞婦郡守立石祠嶺上易名曰淸風嶺

詩 不幸元兵入浙東舅姑夫壻陷軍中自將晳美知難免百計陽言請服終 行至靑楓險且危血書山石獨天知一從慟哭投崖死嶺上淸風萬古吹

왕뎡부ᄂᆞᆫ송나라님ᄒᆡ사ᄅᆞᆷ의쳬니송이망ᄒᆞᆯ새에그싀부모와지아비다도적의게잡히여죽으니도적의댱쉬뎡부의고으믈보고겁박ᄒᆞ려ᄒᆞ니뎡뷔통곡ᄒᆞ고죽으려ᄒᆞ대도적이사로잡힌

겨집들로ᄒᆞ여곰듀야로딕희니뎡뷔속여ᄀᆞᆯ오
ᄃᆡ싀부모와지아비죽은ᄃᆡ거상을아니닙으면
이ᄂᆞᆫ하ᄂᆞᆯ을모로미라어ᄃᆡᄡᅳ리오원컨대거상
을닙어탈상후에너ᄅᆞᆯ조ᄎᆞ려니와내말을좃지
아니면ᄆᆞᄎᆞᆷ내죽으리라효대도적이죽을가저
허아딕허락ᄒᆞᄃᆡ딕희기ᄅᆞᆯ더옥엄ᄆᆞᆼ게ᄒᆞ고인
ᄒᆞ야제나라흐로ᄃᆞ려갈ᄉᆡ청풍녕에니ᄅᆞ러뎡
뷔딕흰사ᄅᆞᆷ이업ᄉᆞᆯ섀ᄅᆞᆯ타셔손가락을섀므러
피ᄅᆞᆯ내여돌에글을ᄡᅳ고남다히ᄅᆞᆯᄇᆞ라며통곡
ᄒᆞ고인ᄒᆞ여절벽아래셔러져죽으니그후에글

시ᄇᆞᆫ피돌속으로ᄉᆞ못저저다돌이되엿다가비올적이면피도로소사나처음과ᄀᆞᆺ더라원나라적의졍표ᄒᆞ여뎡뷔라ᄒᆞ고비ᄅᆞᆯ세워졔ᄒᆞ고그녕일홈을고쳐쳥풍녕이라ᄒᆞ니라 처음쳥풍은프른단풍이란말이오 고친쳥풍은ᄆᆞᆰ은ᄇᆞ람이란말이라

梁氏被殺 宋

梁氏臨川人歸王氏纔數月會元兵至與夫約曰吾遇兵必死義不受汙辱頃之夫婦被掠有軍千戶強使從已婦紿曰夫在伉儷之情有所不忍乞歸之而後可千戶以所得金帛與其夫而歸之并與一矢以却後兵約行十餘里千戶卽之婦拒且罵曰斫頭奴吾與夫誓天地鬼神寔臨之此身寧死不可得也因奮搏之乃被殺

[詩]梁氏于歸數月餘元兵孔熾若乘虛自知未遂偕生計誓死蒼天實鑑予　家室俱爲虜所擒緩辭元是活夫心忘生抗節誰能犯磊落貞姿想至

今

냥시ᄂᆞᆫ송적왕가의쳬니님쳔사ᄅᆞᆷ이라싀집간디두어돌의난을만나지아비와언약ᄒᆞ여ᄀᆞᆯ오ᄃᆡ내죽을디언뎡도적의게욕을밧디아니리라ᄒᆞ더니부뷔다도적의게잡히여적당이냥시ᄅᆞᆯ겁박ᄒᆞ려ᄒᆞ니냥시소겨ᄀᆞᆯ오ᄃᆡ지아비이시니도라보번후에너ᄅᆞᆯ조ᄎᆞ리라적당이고디듯고그지아비ᄅᆞᆯ금과비단을주고또살ᄒᆞ나ᄒᆞᆯ주어보람삼아길에다른도적이해티못ᄒᆞ게ᄒᆞ여보내니냥시그지아비먼리갈만ᄒᆞ여적당을ᄭᅮ지

저ᄀᆞᆯ오ᄃᆡ죽일놈아내지아비와ᄆᆡᆼ셰ᄒᆞ여시니
텬디귀신이실노아ᄅᆞ신디라죽을디언뎡엇디
너ᄅᆞᆯ조ᄎᆞ리오ᄒᆞ고인ᄒᆞ여녑더티다가ᄆᆞᄎᆞᆷ내
도적의게죽으니라

明秀具棺
金

蒲察氏字明秀完顏長樂之妻也哀宗遷歸德以長樂爲總領將兵扈從長樂一子在幼出妻柴氏所生也明秀撫育如己出崔立之變驅從官妻子入自閱之蒲察聞之以幼子付婢僕且與之金幣親具衣棺祭物與家人訣曰崔立不道强人妻女兵在城下吾何所逃惟一死不負吾夫耳汝等惟善養幼子遂自縊而死欣然若不以死爲難者年二十七

〔詩〕良人扈從返無期義子零丁幼且癡撫育眞能如己出生平母道儘無虧

逃難全身計已窮幼兒金幣付家僮自治喪具從容死千載爭欽烈婦

風

포찰시의ᄌᆞᄂᆞᆫ명슈니금나라완안장낙의안ᄒᆡ
라장낙이남군을조차나가고집의어린아ᄃᆞᆯ이
이시니젼의내친쳐싀시의소싱이라명ᄉᆔᄉᆞ랑
ᄒᆞ기ᄅᆞᆯ괴츌ᄆᆞ티ᄒᆞ더니이ᄯᅢ최립이라ᄒᆞᄂᆞᆫ도
적이니러나모ᄃᆞᆫ관원의안ᄒᆡᄅᆞᆯ모라다가얼골
고으니ᄅᆞᆯᄀᆞᆯᄒᆡᄂᆞᆫ디라포찰시이말을듯고어린
아ᄃᆞᆯ을죵의게맛디고지믈을만히주고친히관
곽과제믈을ᄀᆞ초아두고집사ᄅᆞᆷ으로더브러영
결ᄒᆞ여ᄀᆞᆯ오ᄃᆡ최립이무도ᄒᆞ여사ᄅᆞᆷ의쳐쳡을

겁박ᄒᆞ고이제균ᄉᆞ를거ᄂᆞ려셩밧긔다ᄃᆞ라시
니내어ᄃᆡ로도망ᄒᆞ리오오직ᄒᆞᆫ번죽어내지아
비를저버리디아니리니너희들은어린ᄌᆞ식을
잘기ᄅᆞ라ᄒᆞ고드ᄃᆡ여목ᄆᆡ여죽으니나히이십
칠세라죽을새흔연ᄒᆞ여죠곰도어려온빗치업
더라

義婦臥冰
元

張義婦濟南人歸里人李伍伍與從子零戍福寧未幾死戍所張養舅姑甚至父母舅姑病凡四刲股肉救不懈及死喪葬無遺禮既而歎曰妾夫死數千里外不能歸葬者以舅姑父母在無所仰故也今父母舅姑已死而夫骨暴棄遠土妾敢愛死乎乃臥積冰上誓曰天若許妾取夫骨雖寒甚當得不死踰月竟不死乃大書其事于衣以行行四十日至福寧見零問夫葬地則榛莽四塞不可識張哀慟欲絕夫忽降于童告張死時事且指骨所在處張如言發得之持骨祝曰爾信妾夫耶入口當如冰雪黏如膠已而果

然官義之上府旌門復家

〔詩〕公姑父母病難醫四把霜刀剜玉肌豈獨養生能不懈更治喪祭禮無虧　千里夫屍久未收臥冰爲誓遂行求至誠能致精靈感果得遺骸葬古丘

댱의부ᄂᆞᆫ원나라졔남사ᄅᆞᆷ이라니오의쳬되엿더니지아비족하로더브러복녕ᄡᅡ희슈자리사다가그곳에셔죽으니댱시싀부모봉양ᄒᆞ기ᄅᆞᆯ지극히ᄒᆞ고부모와싀부뫼병들매네번다리ᄉᆞᆯ을버혀먹여구병ᄒᆞ더니죽은후상장을녜로극

진히ᄒᆞ고탄식ᄒᆞ여ᄀᆞᆯ오ᄃᆡ내지아비수쳔리밧
긔셔죽으되도라와영장ᄒᆞᄃᆡ못호믄구고와부
뫼이셔밧들리업ᄉᆞ미라이제부모구괴이믜죽
고지아비ᄒᆡ골이먼ᄯᅡ희ᄇᆞ려시니내엇디죽기
ᄅᆞᆯ앗기리오ᄒᆞ고이에ᄲᅡ힌어ᄅᆞᆷ우희누어밍세
ᄒᆞ여ᄀᆞᆯ오ᄃᆡ하ᄂᆞᆯ이만일내지아비ᄲᅧᄅᆞᆯ어드리
라ᄒᆞ시면내어려죽디아니ᄒᆞ리라ᄒᆞ고ᄒᆞᆫᄃᆞᆯ이
넘ᄃᆞ록누어시되죽디아니ᄒᆞ거ᄂᆞᆯ이에그일을
옷우희ᄲᅧ셔닙고길을나힝ᄒᆞ연디ᄉᆞ십일만에
복녕ᄯᅡ희니ᄅᆞ러족하ᄅᆞᆯ만나지아비무티인곳

을마ᄅᆞ치거ᄂᆞᆯᄒᆡ골을ᄎᆞᄌᆞ려ᄒᆞ니가싀덤불이
네녁ᄒᆡ막히여분변ᄒᆞᆯ길히업ᄉᆞ니댱시의통ᄒᆞ
여거의죽게되엿더니지아븨녕혼이ᄒᆞᆫ아희게
ᄂᆞ려댱시ᄃᆞ려죽던말과ᄒᆡ골잇ᄂᆞᆫ곳을니ᄅᆞ거
ᄂᆞᆯ그말대로ᄎᆞ자ᄒᆡ골을어더가지고비러ᄀᆞᆯ오
ᄃᆡ진실로내지아븨ᄒᆡ끌이면입에다혀어롬ᄀᆞᆺ
티ᄎᆞ고부리ᄀᆞᆺ티붓날라ᄒᆞ니과연그러ᄒᆞ더라
나라히그집을졍문ᄒᆞ고복호ᄒᆞ니라

童氏皮面 元

俞士淵妻童氏嚴州人姑性嚴待之寡恩童柔順以事之無少拂其意者至正十三年賊陷威平官軍復之已乃縱兵剽掠至士淵家童以身蔽姑衆欲汙之童大罵不屈一卒以刀擊其左臂愈不屈又一卒斷其右臂罵猶不絕衆乃皮其面而去明日乃死

〔詩〕天性堅貞婦道成事姑承順發深情官軍剽掠無人遏能捍艱危不愛生　衆兵交刃入門闌罵賊危言出肺肝斷臂猶能終不屈每令聞者髮衝冠

원나라유ᄉᆞ연의쳐동시ᄂᆞᆫ엄쥬사ᄅᆞᆷ이라싀어

미셩졍이엄ᄒᆞ여동시ᄅᆞᆯ박ᄃᆡ호ᄃᆡ더옥공슌ᄒᆞ
여그ᄯᅳᆺ을거ᄉᆞ리디아니ᄒᆞ더니원말에도적이
드러오매관군이회복ᄒᆞ고인ᄒᆞ야노략ᄒᆞ여ᄉᆞ
연의집에니르니동시몸으로ᄡᅥ어미ᄅᆞᆯ마리온
대여러군ᄉᆡ동시ᄅᆞᆯ핍박ᄒᆞ려ᄒᆞ거ᄂᆞᆯ동시크게
ᄭᅮ짓고굴티아니ᄒᆞ니ᄒᆞᆫ군ᄉᆡ칼을드러좌편ᄑᆞᆯ
을버히되더옥굴티아니ᄒᆞ고ᄯᅩᄒᆞᆫ군ᄉᆡ우편ᄑᆞᆯ
을버히되ᄭᅮ짓기ᄅᆞᆯ마디아니ᄒᆞᆫ대모든군ᄉᆡ그
ᄂᆞᆺ가족을벗기고가니이튼날죽으니라

王氏經死
元

惠士玄妻王氏大都人士玄病革王曰吾聞病者糞苦則愈乃嘗其糞頗甘王色愈憂士玄囑王曰我病必不起前妾所生子汝善保護之待此子稍長卽從汝自嫁矣王泣曰君何爲出此言邪設有不諱妾義當死尙復有他說乎君幸有兄嫂此兒必不失所居數日士玄卒王居墓側蓬首垢面哀毁逾禮常以妾子置左右飮食寒煖惟恐不至歲餘妾子亦死乃哭曰無復望矣屢引刀自殺家人驚救得免至終喪親舊皆携酒禮祭士玄于墓祭畢衆欲行酒王已經死於樹矣

〔詩〕病勢纏緜已向深糞甜憂思更欽欽延生閱歲無他意不負良人囑子心　夫死廬墳正致哀遺孤亦逝已焉哉終喪便爾自經死親舊無由行酒杯

원나라혜ᄉᆞ현의쳐왕시ᄂᆞᆫ대도사ᄅᆞᆷ이니ᄉᆞ현이병이듕ᄒᆞ거ᄂᆞᆯ왕시ᄀᆞᆯ오ᄃᆡ내드ᄅᆞ니병든사ᄅᆞᆷ의ᄯᅩᆼ이ᄡᅳ면낫ᄂᆞᆫ다ᄒᆞ고그ᄯᅩᆼ을맛보니마시ᄃᆞᆫ디라왕시더옥근심ᄒᆞ더니ᄉᆞ현이왕시ᄃᆞ려당부ᄒᆞ여ᄀᆞᆯ오ᄃᆡ내병이반ᄃᆞ시니디못ᄒᆞᆯ디라죽은쳡의아ᄃᆞᆯ을잘길러ᄌᆞ라거든미가ᄒᆞ여가

라ᄒᆞ니왕시울며ᄀᆞᆯ오ᄃᆡ그ᄃᆡ엇디이런말을ᄒᆞ
ᄂᆞ뇨그ᄃᆡ죽으면내호가저로죽으리니내비록
죽어도그ᄃᆡ형쉬이시니족히아ᄒᆡᄅᆞᆯ기ᄅᆞ리라
ᄒᆞ더니ᄉᆞ현이죽으매왕시무덤겻ᄒᆡ이셔소세
ᄅᆞᆯ폐ᄒᆞ고의훼ᄒᆞ미녜에넘게ᄒᆞ고첩아ᄃᆞᆯ을겻
ᄒᆡ두어지셩으로기ᄅᆞ더니그아ᄒᆡ또죽으니우
러ᄀᆞᆯ오ᄃᆡ이제ᄂᆞᆫ다시ᄇᆞ랄거시업다ᄒᆞ고여러
번칼을가져스ᄉᆞ로멱디르려ᄒᆞ거ᄂᆞᆯ집사ᄅᆞᆷ이
급히구ᄒᆞ여죽디못ᄒᆞ고인ᄒᆞ여삼년을ᄆᆞ초니
친귀다술을가지고ᄉᆞ현의무덤에제ᄒᆞ더니제

롤ᄆᆡ차매왕시이믜남게목미여죽엿더라

朱氏懼辱 元

黃仲起妻朱氏杭州人至正十六年張士誠寇杭州其女臨安奴倉皇言曰賊至矣我別母求一死也俄而賊驅諸婦至其家且指朱氏母子曰爲我看守日暮我當至也朱聞之懼受辱遂與女俱縊死妾馮氏見其母子已死嘆曰我生何爲徒受辱耳亦自縊死繼而仲起弟妻蔡氏抱幼子玄童與乳母湯氏皆自縊及暮賊至見諸屍滿室遂盡掠其家財而去

〔詩〕兇徒暴橫寇杭州　日暮倉皇抱百憂　守義輕生求一死　淸標凜烈照千秋
臨危孰不欲安全　母子俱亡最可憐　俄頃數人相繼死　一家高義耀靑

篇

원나라황듀긔의쳐쥬시ᄂᆞᆫ항쥬사ᄅᆞᆷ이니지뎡

원슌뎨대년호라 십뉵년에도적댱ᄉᆞ셩이항쥬ᄅᆞᆯ티니그

ᄯᆞᆯ이어미ᄃᆞ려닐오ᄃᆡ도적이쟝ᄎᆞᆺ니ᄅᆞᆯ디라내

어미ᄅᆞᆯ니별ᄒᆞ고ᄒᆞᆫ번죽으려ᄒᆞᄂᆞ이다ᄒᆞ더니

이윽ᄒᆞ여도적이모든겨집을모라와쥬시모녀

ᄅᆞᆯ맛져ᄀᆞᆯ오ᄃᆡ날을위ᄒᆞ여딕희여시라내져녁

에도라오리라ᄒᆞ니쥬시욕볼가두려ᄯᆞᆯ로더브

러ᄒᆞᆷᄭᅴ목ᄆᆡ여죽으니쳡풍시쥬시모녀다죽으

ᄆᆞᆯ보고탄식ᄒᆞ여ᄀᆞᆯ오ᄃᆡ내산들무엇ᄒᆞ리오ᄒᆞᆫ

갓욕을볼ᄯᆞ름이라ᄒᆞ고ᄯᅩᄒᆞᆫ목ᄆᆡ여죽고둥긔
의뎨수채시어린아ᄃᆞᆯ을안고유모탕시로더브
러다목ᄆᆡ여죽으니져녁에도적이도라와죽엄
이집에ᄆᆞ득ᄒᆞ믈보고그집ᄌᆡ믈을노략ᄒᆞ여가
니라

翠哥就烹
元

李仲義妻劉氏名翠哥房山人至正二十年縣大饑平章劉哈剌不花兵乏食執仲義欲烹之仲義弟馬兒走報劉氏劉遽往救之涕泣伏地告於兵曰所執者是吾夫也乞矜憐之貸其生吾家有醬一甕米一斗五升窖于地中可掘取之以代吾夫兵不從劉曰吾夫瘦小不可食吾聞婦人肥黑者味美吾肥且黑願就烹以代夫死兵遂釋其夫而烹劉氏

〔詩〕元季年饑人起兵人將相食競紛爭釋夫心切生堪捨慷慨持身自就烹

代夫身命卽捐軀遂使奸兇噬我膚高義感人人自服聞風百世盡嗟

吁

원나라니듕의의쳐뉴시의일홈은츄개니방산사ᄅᆞᆷ이라지령이십년의크게흉년드러도적이군냥이업ᄉᆞ니적당이듕의ᄅᆞᆯ잡아ᄉᆞᆯ마먹으려ᄒᆞ거ᄂᆞᆯ뉴시ᄯᅡᄒᆡ업ᄃᆡ여울며비러ᄀᆞᆯ오ᄃᆡ내지아비ᄅᆞᆯ살오면내집의댱ᄒᆞᆫ독과ᄲᆞᆯᄒᆞᆫ말닷되ᄅᆞᆯᄯᅡ속에무더시니다가지라ᄒᆞ오ᄃᆡ도적이듯디아니ᄒᆞ거ᄂᆞᆯ뉴시ᄀᆞᆯ오ᄃᆡ지아비ᄂᆞᆫ여위고져그니먹엄즉디아니ᄒᆞᆫ디라내드ᄅᆡ니겨집이ᄉᆞᆯ져고검으면마시죠타ᄒᆞ니내ᄉᆞᆯ져고검은디라지아

비뎌신에숨겨더라ᄒᆞᆫ대도적이그지아비를노
코뉴시를솔므니라

寗女貞節

皇明

甯氏女許嫁劉眞兒未嫁而眞兒死甯氏年十六聞訃哭甚哀旣而謂父母曰古云烈女不更二夫吾雖未與之醮然媒妁聘幣父母之命皆已定矣今不幸而死其父母老無所依吾豈忍背之操他人家箕箒耶遂請往夫家侍養舅姑父母初未之許甯請益堅卒許之甯至其家哭臨葬祭無違禮執婦道甚恭織紝以供甘旨如是者凡五十二年事聞詔旌表其門曰貞節

〔詩〕已成媒聘有歸期不幸夫亡未醮時何忍背之辭甚切始終喪祭禮無虧　五十餘年奉舅姑平

生志節竟無渝盛朝旌表褒嘉至千載貞名孰與
俱

녕시ᄂᆞᆫ 황명사ᄅᆞᆷ이니뉴진ᄋᆞ와혼인을뎡ᄒᆞ엿더니진의죽으니이새에녕시나히십뉵세라부음을듯고슬피우다가부모의게고ᄒᆞ여골오ᄃᆡ녯말에닐오ᄃᆡ녈녀ᄂᆞᆫ두지아비ᄅᆞᆯ셤기디아닛ᄂᆞᆫ다ᄒᆞ니내비록뉴가로더브러쵸례ᄂᆞᆫ아니ᄒᆞ여시나듕미ᄅᆞᆯ힝ᄒᆞ고폐ᄇᆡᆨ을바다시니부모의명이이믜뎡ᄒᆞ엿ᄂᆞᆫ디라이제블힝ᄒᆞ여죽고그늙은부뫼의탁홀ᄃᆡ업ᄉᆞ니내엇디ᄎᆞ마ᄇᆞ리고다ᄅᆞᆫ사ᄅᆞᆷ의게가리오청컨대뉴가에가싀부모ᄅᆞᆯ봉양ᄒᆞ여디이다ᄒᆞᆫ대부뫼처음은듯디아니터니녕시더옥ᄌᆞ청ᄒᆞ거ᄂᆞᆯᄆᆞᄎᆞᆷ내허락ᄒᆞ니녕시뉴가에가셔지아븨빈소에울고장ᄉᆞ와졔ᄅᆞᆯ녜로ᄒᆞ고며ᄂᆞ리도리ᄅᆞᆯ극진히ᄒᆞ여질삼ᄒᆞ여감지(부모ᄭᅴ드리ᄂᆞᆫ음식이라)ᄅᆞᆯ밧드러이러틋ᄒᆞ기오십이년이라그문에졍표ᄒᆞ야ᄀᆞᆯ오ᄃᆡ뎡졀이라ᄒᆞ다

彌妻偕逃
百濟

都彌妻美麗亦有節行蓋婁王聞之語都彌曰婦人雖貞在幽昏無人之處誘以巧言則不動心者鮮矣都彌曰若臣妻雖死無貳王欲試之畱都彌以事使一近臣假王衣服馬從夜抵其家謂其婦曰我聞爾好與都彌博得之來日入爾爲宮人遂將亂之婦曰王無安語吾敢不順請大王先入室吾更衣乃進退而飾一婢薦之王後知見欺怒甚誣都彌以罪矐其兩眸子置小船泛之河上遂引其婦強欲淫之婦曰今良人已失獨身不能自持況爲王御豈敢相違今有所避請俟他日王信而許之婦便逃至江口不能

渡呼天慟哭忽見孤舟隨波而至乘到泉城島遇其
夫未死掘啖草根遂與同至高勾麗終於羇旅

詩 敢矐雙眸放大河國君威柄奈如何我儀我特
眞天合縱備宮人矢靡他　詭言逃走出重闈泣
涕漣洏傍水濱天地神明皆佑助泉城島上見良
人

도미ᄂᆞᆫ빅졔나라사ᄅᆞᆷ이니안ᄒᆡ얼골이아ᄅᆞᆷ답
고절ᄒᆡᆼ이잇더니빅졔왕이듯고도미ᄃᆞ려닐러
ᄀᆞᆯ오ᄃᆡ부인이비록뎡절이이시나그윽ᄒᆞ고사
ᄅᆞᆷ업ᄂᆞᆫ곳에서됴흔말로다래면ᄆᆞᄋᆞᆷ을동티아

니ᄒᆞ리업ᄂᆞ니라도미ᄀᆞᆯ오ᄃᆡ신의쳐거ᄃᆞ니ᄂᆞᆫ
비록죽어도변티아니ᄒᆞ리이다왕이시험ᄒᆞ고
져ᄒᆞ여도미ᄅᆞᆯ머므러두고ᄒᆞᆫ신하로ᄒᆞ여곰왕
의오ᄉᆞᆯ닙히고왕의ᄆᆞᆯ을ᄐᆞ고밤에그집의가도
미의쳐ᄃᆞ려닐오ᄃᆡ내네고으믈듯고도미로더
브러댱긔두어나기ᄒᆞ여너ᄅᆞᆯ어더시니ᄂᆡ일너
ᄅᆞᆯ드려궁인을삼으리라ᄒᆞ고드ᄃᆡ여겁박ᄒᆞ려
ᄒᆞ니쳬ᄀᆞᆯ오ᄃᆡ왕은망녕된말ᄉᆞᆷ이업ᄂᆞ니내엇
디슌죵ᄒᆞ디아니리오청컨대왕은몬져방에드
르쇼셔내오ᄉᆞᆯ마라닙고오리이다ᄒᆞ고밧그로

나가죵ᄒᆞ나흘ᄉᆞ며드려보내니왕이후에속은
줄알고노ᄒᆞ여도미의죄ᄅᆞᆯ얽어두눈을ᄲᅢ히고
ᄇᆡ에시러믈의ᄯᅴ이고그쳐ᄅᆞᆯ잡아다가겁박ᄒᆞ
려ᄒᆞ니쳬ᄀᆞᆯ오ᄃᆡ이제ᄂᆞᆫ지아비ᄅᆞᆯ일허시니능
히ᄒᆞᆯ로잇디못ᄒᆞᆯ디라ᄒᆞ믈며왕을뫼시믈엇디
거ᄉᆞ리리오오ᄂᆞᆯ은연괴이시니다ᄅᆞᆫ날을기ᄃᆞ
리쇼셔왕이밋고허락ᄒᆞ거ᄂᆞᆯᄀᆞ만이도망ᄒᆞ여
믈ᄀᆞ에가능히건너디못ᄒᆞ니하ᄂᆞᆯ을브ᄅᆞ며통
곡ᄒᆞ더니ᄒᆞᆯ연이외로온ᄇᆡ믈결을ᄯᆞᆯ와니ᄅᆞ거
ᄂᆞᆯ그ᄇᆡᄅᆞᆯᄐᆞ고쳔셩도라ᄒᆞᄂᆞᆫ셤에다ᄃᆞ라지아

비ᄅᆞᆯ만나니죽디아니ᄒᆞᆫ더라ᄑᆞᆯ불희ᄅᆞᆯ키여먹
댜가ᄒᆞᆫ가지로고구려나라히드러가죵신ᄒᆞ니
라

崔氏奮罵 高麗

崔氏靈巖士人仁祐女也適晉州戶長鄭滿生子女四人其季在襁褓洪武己未倭賊寇晉闔境奔竄時滿因事如京賊攔入里閭崔年方三十餘且有姿色抱携諸子走避山中賊四出驅掠遇崔露刃以脅崔抱樹而拒奮罵曰死等爾與其汚賊而生寧死義罵不絶口賊遂害之斃於樹下賊擄二子以去第三兒習甫六歲啼號屍側襁褓兒猶匍匐就乳血淋漓入口尋亦斃焉後十年己巳都觀察使張夏以聞乃命旌門蠲習吏役

(詩)良人上計赴王京倭寇搶攘陷邑城汚賊幸生

寧死義中心取舍已分明 賊勢縱橫闔郡驚携兒被擄若爲情可憐抱樹捐生處風響依稀罵賊聲

최시ᄂᆞᆫ고려적녕암션비인우의ᄯᆞᆯ이니뎐쥬호댱뎡만의체되여네ᄌᆞ녀ᄅᆞᆯ나코사더니왜적이뎐쥬ᄅᆞᆯ티니고을사ᄅᆞᆷ이다ᄃᆞ라나ᄂᆞᆫ뎌라뎡만은셔울가고도적이녀염에드러오니최시나히졈고ᄌᆞ식이잇더니여러ᄌᆞ식을ᄃᆞ리고산듕에피란ᄒᆞ엿다가도적을만나칼로저히고겁박ᄒᆞ려ᄒᆞ니최시나모ᄅᆞᆯ안고ᄭᅮ지저ᄀᆞᆯ오ᄃᆡ도적의

게더러이고사ᄂᆞ니출하리죽으리라ᄒᆞ고샤짓
기ᄅᆞᆯ그치디아니ᄒᆞᆫ대도적이드듸여나모아래
셔죽이고두ᄌᆞ식을잡아가니셋재아ᄃᆞᆯ습은나
히계요뉵세라죽엄겻ᄒᆡ셔울고강보에아ᄒᆡᄂᆞᆫ
오히려긔여가졋을샛라먹으니피흘러입으로
드ᄂᆞᆫ디라그아ᄒᆡ즉시죽으니라그후십년만에
감ᄉᆞ댱해나라ᄒᆡ장계ᄒᆞ여졍문ᄒᆞ고습의구실
을더러주니라

烈婦入江 高麗

裵氏京山人進士中善女也既笄適郎將李東郊善治內事洪武庚申倭賊逼京山閭境擾攘無敢禦者東郊時赴合浦帥幕未還賊騎突入裵所居里裵抱乳子走賊追之及江江水方漲度不能脫置乳子岸上走入江賊持滿注矢擬之曰而來免死裵顧罵賊曰何不速殺我我豈汚賊者耶賊射之中肩再發再中遂沒於江中體覆使趙浚上其事旌表里門

〔詩〕島夷來逼孰能當閭境蒼皇走且僵忍見乳兒呱岸上自知難脫赴滄浪

倭寇由來性不仁那知烈婦行眞純灘聲千載猶悲咽到此無人不愴

神

비시ᄂᆞᆫ고려적경산사ᄅᆞᆷ이니진ᄉᆞ듕션의ᄯᆞᆯ이라낭댱벼ᄉᆞᆯᄒᆞᄂᆞᆫ니동교의쳐되여ᄂᆡ뎡을잘다ᄉᆞ리더니왜란을만나지아비ᄡᅡ홈에가고혼자이실새에도적이집의드러오거ᄂᆞᆯ비시어린ᄌᆞ식을안고ᄃᆞ라나강ᄀᆞ에다ᄃᆞᄅᆞ니도적이ᄯᆞᆯ와오거ᄂᆞᆯ비시면티못ᄒᆞᆯ줄알고ᄌᆞ식을언덕에노코강에ᄃᆞ라들려ᄒᆞ니도적이활에살을먹여ᄡᅩ려ᄒᆞ며닐오ᄃᆡ네오면살리라비시도라보며크게ᄭᅮ지저ᄀᆞᆯ오ᄃᆡ날을ᄲᆞᆯ리죽이라내엇디도적

의게더러이리오ᄒᆞᆫ대도적이엇게를ᄡᅩ아두번
마쳐믈속의셔죽으니톄복ᄉᆞ됴쥰이나라히알
외여정문ᄒᆞ니라

五倫行實圖 卷三 烈女 六十八

林氏完山府儒士柜之女也適知樂安郡事崔克孚
倭寇本府林被執賊欲汙之林固拒賊斷一臂又斷
一足猶不屈被害

詩 林氏完山禮義家倭奴突入肆兵戈兇渠白刃
焉能浼之死心堅矢靡他　貞烈高風擧世驚臨
危捨命不偷生一身取舍分明甚義重方知死亦
輕

님시ᄂᆞᆫ　본됴젼쥬션비거의ᄯᆞᆯ이니낙안원최
극부의쳐되엿더니왜적이잡아핍박ᄒᆞ고져ᄒᆞ
니님시좃디아니ᄒᆞᆫ대도적이ᄒᆞᆫᄑᆞᆯ과ᄒᆞᆫ다리를

버히되오히려굴티아니ᄒᆞ고죽으니라

金氏撲虎 本朝

金氏安東人適散員俞天桂洪武辛巳天桂當行戍謂其妻曰今日吉吾將出宿於外其妻曰吾亦出宿矣遂入室裝糧夜半忽有人驚呼聲婢僕皆縮頸金挺身出虎已攫夫去金把木弓叫呼而前左手執夫右手撲虎幾至六十步許虎委之而止金曰爾旣攫我夫欲幷取我邪虎乃去夫氣絶金負而歸家黎明夫甦其夜虎又至唐突大吼金又開門荷杖語虎曰爾亦含靈之物何若是之甚乎虎囓舍傍梨樹而去樹乃枯

詩 慇懃入室爲裝糧出戍良人宿舍傍夜半忽爲

虓虎攫追奔手撲俾無傷 大吼重來最可驚開
門荷杖語丁寧縱然囓樹終無害始信毛蟲亦性
靈

김시ᄂᆞᆫ 본됴안동사ᄅᆞᆷ이라유텬계의쳐되엿
더니텬계슈자리살라갈ᄉᆡ쳐ᄃᆞ려닐러ᄀᆞᆯ오ᄃᆡ
오ᄂᆞᆯ이됴흔날이니나셔자고가려ᄒᆞ노라쳐ᄀᆞᆯ
오ᄃᆡ나도ᄯᅩᄒᆞᆫ나가자리라ᄒᆞ고집에드러와횡
장을출히더니밤듕에홀연사ᄅᆞᆷ이급히웨ᄂᆞᆫ소
ᄅᆡ잇거ᄂᆞᆯ김시놀나내ᄃᆞ라보니범이불셔그지
아비ᄅᆞᆯ무러가ᄂᆞᆫ디라김시활을가지고소ᄅᆡᄒᆞ

고ᄃᆞ라드러ᄒᆞᆫ손으로지아비ᄅᆞᆯ잡고ᄒᆞᆫ손으로
범을티며거의뉵십보ᄅᆞᆯ니ᄅᆞ니범이지아비ᄅᆞᆯ
노코믈러안거ᄂᆞᆯ김시ᄀᆞᆯ오ᄃᆡ네날을므자믈고
져ᄒᆞᄂᆞᆫ다ᄒᆞ니범이ᄃᆞ라나고지아비ᄂᆞᆫ긔졀ᄒᆞ
엿거ᄂᆞᆯ김시업어다가구원ᄒᆞ여ᄭᆡ여낫더니그
날밤에범이ᄯᅩ와셔소ᄅᆡᄒᆞ거ᄂᆞᆯ김시문을열고
막대ᄅᆞᆯ들고범ᄃᆞ려닐오ᄃᆡ네ᄯᅩᄒᆞᆫ녕믈이라엇
디이러ᄐᆞ시심ᄒᆞ뇨ᄒᆞᆫ대범이집알픠ᄇᆡ남글므
러너흘고가니그남기인ᄒᆞ여므ᄅᆞ더라

五倫行實圖
金氏同窆
本朝

金氏豐山人其夫李橿墜馬死金號咷擗踊抱屍經三日夜及殯益自哀慟踰月不食惟啜水而已父母喩之曰食而哭於義何害金曰非哀而不食自不思食耳應是疾也至五十三日而死年二十父母憐之同穴而窆

詩 夫因馬蹶忽昇屍擗踊號咷日抱持不食數旬惟啜水竟捐軀命事堪悲　性善由來見四端人能踐履最爲難豐山一女知偕死同穴千秋得所安

김시ᄂᆞᆫ 본됴풍산사ᄅᆞᆷ이니그지아비 니강이

믈게ᄯᅥ러져죽으니김시죽엄을안고ᄯᅱ놀며울
고ᄃᆞᆯ이넘ᄃᆞ록밥을먹디아니ᄒᆞ거ᄂᆞᆯ부뫼기유
ᄒᆞ여ᄀᆞᆯ오ᄃᆡ먹고울미므어시의예해로오리오
ᄒᆞᆫ대김시ᄀᆞᆯ오ᄃᆡ셜워먹디아니미아니라ᄉᆞᄉᆞ
로밥ᄉᆡᆼ각이업ᄉᆞ니ᄋᆞᆼ당병인가ᄒᆞᄂᆞ이다ᄒᆞ더
니오삼삼일만에죽으니나히이십이라부뫼블
샹이너겨부쳐ᄅᆞᆯ합장ᄒᆞ니라

五倫行實圖卷第三

五倫行實圖卷第四目錄

兄弟

光進反籍　德珪死獄

杜衍待兄　張存布錦

彥霄析籍　道卿引頸

郭全分財　思達義感

附 宗族

君良斥妻　公藝書忍

陳氏羣食　仲淹義莊

陸氏義居　文嗣十世

張閨同爨

五倫行實圖 卷四 兄弟 一

衛公子壽者宣公之子太子伋之異母弟公子朔之同母兄也其母與朔謀欲殺伋共譖於公公令伋之齊使賊先待於隘而殺之壽知之以告伋使去之伋不可曰棄父之命惡用子矣有無父之國則可也及行壽飲以酒載其旌而先往賊殺之伋至曰君命殺我壽有何罪賊又殺之國人傷之作二子乘舟之詩

詩 泛泛河舟同濟日迢迢齊路竊旌時自逢嚚傲鴒原急一去那堪見兩屍　人倫遭變力難禁爭死悲懷兩不任爲寫新編垂萬代凜然天下弟兄心

위나라공ᄌᆞ슈ᄂᆞᆫ션공의아ᄃᆞᆯ이오태ᄌᆞ급의다
른어미게나흔아이오공ᄌᆞ삭의ᄒᆞᆫ어미의게나
흔형이라슈의어미삭으로더브러ᄭᅬᄒᆞ여급을
죽이려ᄒᆞ여ᄒᆞᆫ가지로션공의게참소ᄒᆞ니공이
급으로ᄒᆞ여곰제나라희ᄉᆞ신가라ᄒᆞ고도적을
즈레보내여죽이라ᄒᆞ니슈알고급의게고ᄒᆞ여
ᄃᆞ라나라ᄒᆞᆫ대급이듯디아니ᄒᆞ여골오ᄃᆡ아븨
명을ᄇᆞ리면엇디조식이라ᄒᆞ리오ᄒᆞ고쟝ᄎᆞᆺ힝
ᄒᆞᆯ서슈술로급을먹여취케ᄒᆞ고급의긔ᄅᆞᆯ마만
이아사몬져가니도적이긔ᄅᆞᆯ보고급인가ᄒᆞ여

죽이거ᄂᆞᆯ급이니르러ᄀᆞᆯ오ᄃᆡ님군이날을죽이
라ᄒᆞ시니쉬무ᄉᆞᆷ죄이시리오효대도적이ᄯᅩ죽
이니나라사ᄅᆞᆷ이슬허ᄒᆞ여이ᄌᆞ승쥬(두사ᄅᆞᆷ이ᄇᆡᄐᆞ고가단말이라)
라ᄒᆞᄂᆞᆫ글을지으니라

卜式分畜
漢

卜式河南人以田畜爲事有少弟弟壯式脫身出獨取畜羊百餘口田宅財物盡與弟式入山牧十餘秊致千餘頭買田宅而弟盡破其產式輒復分與之

〔詩〕世業遺財付友于脫身甘伴牧豬奴買宅何心吾獨富千頭分向弟家輸　錐刀爭利世紛紛誰念天親一體分他日佐時輸粟盡此心孝悌便移君

복식은한나라하남사ᄅᆞᆷ이니밧갈고즘ᄉᆡᆼ치기로일삼더니져근아이이셔이믜댱셩ᄒᆞ니식이젼ᄐᆡᆨ과ᄌᆡ믈을다아ᄋᆞᄅᆞᆯ주고다만기르던양ᄇᆡᆨ

여구ᄅᆞᆯ가지고홀로산듕에드러가십여년을양

을쳐양이셩ᄒᆞ여쳔여두에니ᄅᆞ니젼ᄐᆡᆨ을사두

엇더니그아이가산을다패ᄒᆞ거ᄂᆞᆯ식이믄득다

시ᄂᆞᆫ화주니라

王琳救弟
漢

王琳汝南人年十餘歲喪父母因遭大亂百姓奔逃惟琳兄弟獨守塚廬號泣不絕弟季出遇赤眉爲賊所捕琳自縛詣賊請先季死賊矜而放遣之

詩 四方多難劇紛如兄弟攀號獨守廬爲季投身先乞死豺狼安得不矜且 弟兄相愛卽天彜急難誰知有此兒要識世人無不感請看兇醜遣歸時

왕님은한나라여남사룸이니나히십여세에부모룰여희고난리룰만나빅셩이다ᄃᆞ라나되오직님의형데ᄂᆞᆫ부모분묘룰직희여울기룰긋치

디아니ᄒᆞ더니아이나가다가도적의게잡히니
님이스ᄉᆞ로결박ᄒᆞ여도적의게나아가몬져죽
어디라쳥ᄒᆞᆫ대도적이불샹이너겨다노화보내
니라

許武自穢
漢

許武陽羨人建武中會稽太守第五倫舉爲孝廉武以二弟晏普未顯欲令成名乃謂之曰禮有分異之義家有別居之道於是共割財産以爲三分武自取肥田廣宅奴婢強者二弟所得並皆劣少鄉人皆鄙武貪而稱弟能讓由是晏等俱得選擧武乃會宗族泣曰吾爲兄不肖盜竊聲位二弟年長未霑榮祿所以求得分財自取大譏今理産所增三倍於前悉推與二弟一無所留於是郡中翕然稱之

〔詩〕廉孝從前擧豈誣臨財甘作一貪夫心期二弟名成後三倍貲財盡付渠　弟顯自從兄穢日兄

貪還釋弟榮時尋常友愛還誇俗隱德無嫌世所
譏
허무ᄂᆞᆫ한나라양연사ᄅᆞᆷ이니회계태슈뎨오륜
이쳔거ᄒᆞ여벼ᄉᆞᆯᄒᆞ이니뮈그두아이현달티못
ᄒᆞ므로일홈을내려ᄒᆞ여이에아ᄋᆞ두려녈오ᄃᆡ
분ᄶᅵᄒᆞ여각각살기ᄂᆞᆫ응당ᄒᆞᆫ도리라ᄒᆞ고가산
을삼분에ᄂᆞᆫ화무ᄂᆞᆫ됴흔밧과너른집과건장ᄒᆞᆫ
죵을골희여가지고두아ᄋᆞᄂᆞᆫ못ᄡᅳᆯ거ᄉᆞᆯ주니향
둉사ᄅᆞᆷ이다무의람ᄒᆞ믈더러이너기고두아의
능히ᄉᆞ양ᄒᆞ믈일ᄏᆞ르니일로말미암아두아ᄋᆡ

다벼ᄉᆞᆯ을어드니뮈종족을모호고울며ᄀᆞᆯ오ᄃᆡ
내형이되여블쵸ᄒᆞᆫ디라일홈과벼ᄉᆞᆯ을외람히
어더시되두아ᄋᆞ는자라매홀로영화ᄅᆞᆯ보디못
ᄒᆞ니내그러므로분ᄌᆡᄒᆞ믈구ᄒᆞ여스ᄉᆞ로샤디
ᄅᆞᆷ을취ᄒᆞ엿더니이제ᄂᆞᆫ내가산이느러젼의셔
삼ᄇᆡᆨ나더ᄒᆞ엿노라ᄒᆞ고다그아ᄋᆞᆯᄂᆞᆫ화주고ᄒᆞ
나토가지디아니ᄒᆞ니일읍사ᄅᆞᆷ이비로소그어
딜믈일ᄏᆞᆺ더라

鄭均諫兄 漢

鄭均任城人兄爲縣吏頗受禮遺均數諫止不聽則脫身爲傭歲餘得錢帛歸以與兄曰物盡可復得爲吏坐贓終身捐棄兄感其言遂爲廉潔

〔詩〕取物傷廉恐累身愛兄誠意出天眞已知切諫終無入甘自爲傭受苦辛　傭得錢歸遺我兄包苴代此足營生坐贓一語開心病貪汚終能變潔淸

뎡균은한나라임셩사ᄅᆞᆷ이니형이 고을원이되여ᄂᆞᆷ의주ᄂᆞᆫ거ᄉᆞᆯ만히밧거ᄂᆞᆯ균이ᄌᆞ조간ᄒᆞ되듯디아니ᄒᆞ니균이 나가셔몸소버으려ᄒᆞᆫ히남으매돈과비단을만히어더도라와형을주고골오딕지물은진ᄒᆞ여도가히다시어드려니와탐장의좌죄ᄒᆞ면종신토록ᄇᆞ리이ᄂᆞ니이다ᄒᆞᆫ대형이그말을감동ᄒᆞ여드듸여청념ᄒᆞᆫ사ᄅᆞᆷ이되니라

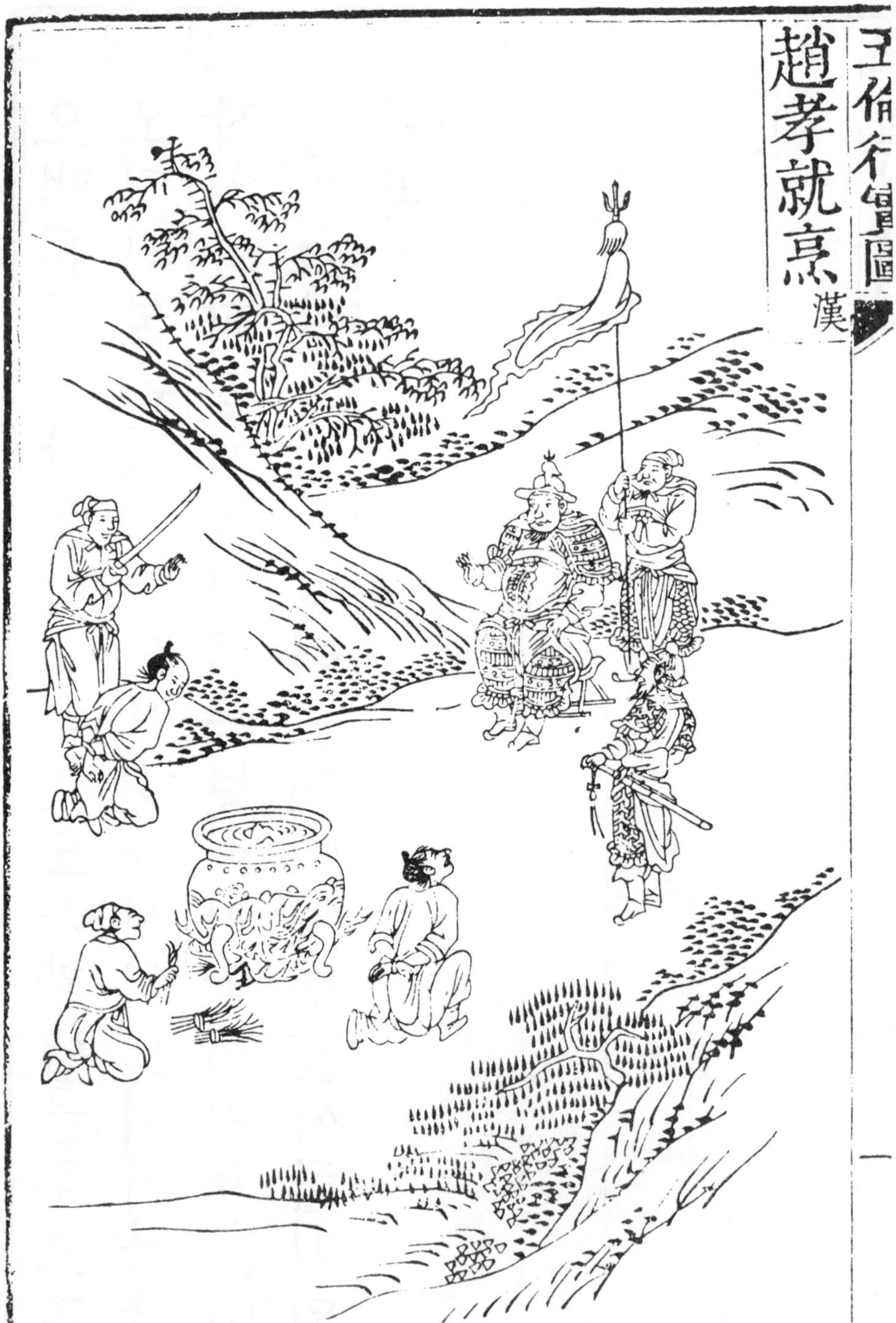
趙孝就烹
漢

趙孝沛國人遭天下亂人相食孝弟禮爲賊所得將烹之孝聞卽自縛詣賊曰禮久餓羸瘦不如孝肥飽賊大驚並釋之且謂曰可歸更持米糒來孝求不能得復往報賊願就烹衆異之遂不害明帝聞其行召拜諫議大夫

詩遭時不幸暗傷神人化爲豺又食人自縛肥身甘代弟野心猶感有天倫　野淸何處更求糒垂橐歸來願就烹異行能回羣盜腹高名宜徹九天明

됴효는 한나라 패국 사람이니 년해 크게 어즈러

위사ᄅᆞᆷ이서로잡아먹을ᄉᆡ효의아이도적의게
잡히여ᄉᆞᆯ마먹으려ᄒᆞ거ᄂᆞᆯ회스ᄉᆞ로결박ᄒᆞ여
도적을보고ᄀᆞᆯ오ᄃᆡ내아ᄋᆞᆫ오ᄅᆡ주려날만티
ᄉᆞᆯ디디못ᄒᆞ니청컨대날을ᄉᆞᆯ므라ᄒᆞᆫ대도적이
크게놀나형뎨ᄅᆞᆯ다노ᄒᆞ며닐오ᄃᆡ네도라가ᄡᆞᆯ
미시ᄅᆞᆯ가지고오라ᄒᆞ거ᄂᆞᆯ회구ᄒᆞᄃᆡ엇디못ᄒᆞᆫ
디라다시가셔도적의게고ᄒᆞ고ᄉᆞᆷ겨디라ᄒᆞ니
다긔이히너겨노하보내니텬지ᄃᆞ르시고간의
태우벼ᄉᆞᆯ을ᄒᆞ이시다

繆彤自撾 漢

繆彤汝南人少孤兄弟四人皆同財產及各娶妻諸婦遂求分異又數有鬪爭之言彤深懷憤歎乃掩戶自撾曰繆彤汝脩身謹行學聖人之法將以齊整風俗奈何不能正其家乎弟及諸婦聞之悉叩頭謝罪遂更爲敦睦之行

〔詩〕早孤諸季與同居娶婦求分罪在予掩戶自撾能感彼一家敦睦得如初　同氣相分自責深能令諸婦便回心是知友愛由天性喋血相殘獸與禽

목용은 한나라 여남 사름이니 일즉 부모를 여희

고형뎨네사ᄅᆞᆷ이ᄒᆞᆫ집에셔사더니각각댱가들매여러지어미다ᄯᅥ로나려ᄒᆞ고ᄯᅩᄌᆞ조ᄃᆞ토거ᄂᆞᆯ용이깁히애ᄃᆞᆯ니너겨이에문을닷고ᄉᆞᄉᆞ로티며칙ᄒᆞ여ᄀᆞᆯ오ᄃᆡ목용아네몸을닥고힝실을삼가셩인의법을비호옴은쟝ᄎᆞᆺ풍쇽을뎡제ᄒᆞ려ᄒᆞ거ᄂᆞᆯ엇디ᄒᆞ여능히그집을바르디못ᄒᆞᄂᆞ뇨ᄒᆞᆫ대여러아ᄋᆞ와지어마다마리ᄅᆞᆯ두ᄃᆞ려샤죄ᄒᆞ고드ᄃᆡ여서로화목ᄒᆞ더라

五倫行實圖
李充逐婦
漢

李充陳留人家貧兄弟六人同衣遞食妻竊謂充曰今貧居如此難以久安願思分異充僞酬之曰如欲別居當醞酒具會請呼鄉里內外共議其事婦從充置酒讌客充坐中前跪白母曰此婦無狀而教充離間母子兄弟罪合遣斥便呵叱其婦逐令出門婦銜涕而去

詩 悍妻當日怨家貧不念鴒原骨肉親會合鄉閭揮婦去割情全愛篤天倫
同衣遞食意慇懃長枕當年不擬分何物婦人饒閒舌一心愈更切箎塤

니튱은한나라진류사ᄅᆞᆷ이니형뎨뉵인이옷과
밥을서로닙고먹더니튱의쳐ᄀᆞ만이튱ᄃᆞ려닐
오ᄃᆡ이제가난ᄒᆞ기이러ᄐᆞᆺᄒᆞ니오래효가지로
잇기어려온디라원컨대각각사라디라ᄒᆞ니튱
이거즛허락ᄒᆞ여골오ᄃᆡ맛당이술을ᄀᆞ초와잔
치ᄅᆞᆯ베플고ᄆᆞ올과집사ᄅᆞᆷ을다모호고그일을
의논ᄒᆞ리라쳬그말ᄃᆡ로술을두어잔치ᄒᆞᆯ시튱
이좌듕의나아가ᄭᅮ러어믜게고ᄒᆞ여골오ᄃᆡ이
겨집이무상ᄒᆞ여튱을ᄀᆞᄅᆞ쳐모ᄌᆞ와형뎨ᄅᆞᆯ니
간ᄒᆞ니그죄맛당이내티리로소이다ᄒᆞ고문득

그쳐롤크게샤딧고믄밧긔모라버리니쳐울며
가더라

姜肱同被
漢

姜肱彭城人家世名族與二弟仲海季江俱以孝行著聞友愛天至嘗共卧起及各娶妻兄弟相戀不能別寢以係嗣當立乃遞往就室嘗與季江適野遇盜欲殺之兄弟爭死肱曰弟年幼父母所憐愍又未聘娶願自殺身濟弟季江言兄年德在前家之珍寶國之英俊乞自受戮以代兄命盜戢刃曰二君賢人吾等不良妄相侵犯乃兩釋之

詩 二弟同居共一衾天倫情至友于深蒼皇遇難爭投死兩釋終能感賊心

弟恭兄友若塤篪居寢須臾不忍離更有至情難掩處共看爭死冒危

時

강굉은한나라핑셩사ᄅᆞᆷ이니ᄃᆡᄃᆡ로일홈난집
이라두아ᄋᆞ듕해와계강으로더브러다효힝이
잇고우ᄋᆡ지극ᄒᆞ여형뎨ᄆᆡ양ᄒᆞᆫ니블에셔자더
니각각댱가들매ᄎᆞ마ᄯᅥ나디못ᄒᆞ되ᄌᆞ쇽을위
ᄒᆞ여ᄀᆞᆯ마드려제방에가자더니ᄒᆞᆯᄂᆞᆫ계강으로
더브러들ᄒᆡ나가다가도적을만나죽이려ᄒᆞ거
ᄂᆞᆯ형뎨죽기ᄅᆞᆯᄃᆞ토와굉이ᄀᆞᆯ오ᄃᆡ아ᄋᆞᄂᆞᆫ나히
어리고부뫼ᄉᆞ랑ᄒᆞ시고ᄯᅩ댱가못드려시니원
컨대스ᄉᆞ로죽어아ᄋᆞᄅᆞᆯ살려디라ᄒᆞ니계강이

ᄀᆞᆯ오ᄃᆡ형은나히만코력이놉하집에보븨오나
라ᄒᆡ영걸이라빌건대내죽어서형의명을ᄃᆡ신
ᄒᆞ리라도적이칼을거두고ᄀᆞᆯ오ᄃᆡ그ᄃᆡᄂᆞᆫ어진
사ᄅᆞᆷ이어ᄂᆞᆯ우리불량ᄒᆞ여범ᄒᆞ엿노라ᄒᆞ고다
노ᄒᆞ니라

王覽爭酖
晉

王覽祥之弟與祥友愛甚篤母朱氏遇祥無道覽季數歲見祥被楚撻輒涕泣抱持至於成童每諫其母其母少止凶虐朱屢以非理使祥覽輒與祥俱又虐使祥妻覽妻亦趨而共之朱患之乃止朱密使酖祥覽知之徑起取酒祥疑其有毒爭而不與朱遽奪覆之自後朱賜祥饌覽輒先嘗朱懼覽致斃遂止

詩 嚚母時時虐視兄看兄被撻痛兒情身同室婦代兄嫂共服勤勞庶感誠

酖非好酒何宜飲兄弟爭持母取翻從此母飧兒輒試周旋母子竟全恩

딘나라왕남은왕샹의어미다른아이라샹으로
더브러우ᄋᆡ지극ᄒᆞ여그어미쥬시샹을무도히
ᄃᆡ졉ᄒᆞ니남의나히두어ᄉᆞᆯ에샹의매마ᄌᆞ믈보
면믄득울며붓잡더니남이댱셩ᄒᆞ매미양그어
미ᄅᆞᆯ간ᄒᆞ여말리니져기사오나오믈그치더라
쥬시여러번못ᄒᆞᆯ일로샹을부리니남이반ᄃᆞ시
ᄒᆞᆫ가지로ᄒᆞ고또샹의안ᄒᆡᄅᆞᆯ부리면남의안ᄒᆡ
조차ᄀᆞᆺ티ᄒᆞ니쥬시민망히너겨부리디못ᄒᆞ더
라쥬시또ᄆᆞ만이술에독을너허샹을먹이려ᄒᆞ
니남이알고ᄃᆞ라드러그술을마시려ᄒᆞᆫ대샹이

ᄯᅩᄒᆞᆫ독이잇ᄂᆞᆫ가의심ᄒᆞ여ᄃᆞ토와남을주디아
니ᄒᆞᆫ대쥬시급히그술을아사업더르니이후ᄂᆞᆫ
쥬시음식을샹을주면남이미양몬져맛보니쥬
시남이혹죽을가두려ᄒᆞ여다시그리아니ᄒᆞ니
라

庾袞守病 晉

庾袞潁川人咸寧中大疫二兄俱亡次兄毗復危殆癘氣方熾父母諸弟皆出次于外袞獨留不去諸父兄強之乃曰袞性不畏病遂親自扶持晝夜不眠其間復撫柩哀臨不輟如此十有餘旬疫勢既歇家人乃反毗病得差袞亦無恙父老咸曰異哉此子守人所不能守行人所不能行歲寒然後知松栢之後凋始知疫癘之不能相染也

詩 嘗患須看友愛眞撫亡扶病極勤辛十旬晝夜終無恙癘疫從知不染人

兩兄俱沒次兄危出次人人謹避之能守衆人難守處待看松栢歲寒

時

유곤은 딘나라 영쳔사ᄅᆞᆷ이니 함녕(딘무뎨대 년호라) 듕에 염병이 크게 치셩ᄒᆞ여 두형이 다 염병의 죽고 버금형이 ᄯᅩ 병드러 위틱ᄒᆞ니 부모와 여러아이 다 밧그로 피ᄒᆞ여 나가되 곤이 홀로 가디 아니ᄒᆞ니 여러부형이 강권ᄒᆞ여 피ᄒᆞ라ᄒᆞ거늘 곤이 ᄀᆞᆯ오듸 내 본듸 병을 두려워 아니ᄒᆞ노라ᄒᆞ고 그형을 친히 븟드러 듀야로 자디 아니ᄒᆞ며 그ᄉᆞ이 ᄯᅩ 죽은형의 관을 어ᄅᆞ문져 슬피우니 이러ᄐᆞᆺᄒᆞ기 여러ᄃᆞᆯ을 디나매 집사ᄅᆞᆷ이 도라와 보니 형의 병이

이믜나앗고곤도ᄯᅩᄒᆞᆫ무양ᄒᆞᆫ디라어룬들이다
골오ᄃᆡ이샹ᄒᆞ다이아ᄒᆡᄂᆞᆷ못ᄒᆞᆯ일을능히ᄒᆡᆼᄒᆞ
니치운후에숑ᄇᆡᆨ이아니ᄆᆞ름을안다ᄒᆞ니비로
소병이능히젼염티못ᄒᆞ믈아랏노라ᄒᆞ더라

王密易弟 晉

王密上郡人嘗與弟儁子元直如涼州路中糧匱密留儁元直於途乞丐民間比還儁爲賊所掠元直逃逸密乃將元直追賊叩頭求哀曰人情自當皆愛其子但此弟未生家君見背孤遺相長以至于今請以元直易儁賊相謂曰以子易弟義之大也於是以儁元直授密而去密後亡儁勺水不入口者五日雖服喪期年而心喪六載

〔詩〕道出涼州乞丐歸旋聞阿弟賊中圍將兒換弟眞情切盜賊無知亦解悲　亡親遺腹只斯人相愛相憐若一身苟保吾兒棄吾弟九泉何以謁吾

親

왕밀은뎐나라샹군사ᄅᆞᆷ이니일즉아ᄋᆞ쥰과아ᄃᆞᆯ원직으로더브러길을가다가냥식이다ᄉᆞᆫ허디니쥰과원직을길ᄒᆡ머므로고밀이ᄉᆞᄉᆞ로ᄆᆞᄋᆞᆯ의가밥을비러도라오니그ᄉᆞ이도적이와셔쥰을잡아가고원직은도망ᄒᆞ니밀이이에원직을ᄃᆞ리고도적을ᄯᆞ라가마리ᄅᆞᆯ조으며의걸ᄒᆞ여ᄌᆞᆯ오ᄃᆡ인졍이응당ᄌᆞ식을ᄉᆞ랑ᄒᆞ나다만이아ᄋᆞᄂᆞᆫ나디아니ᄒᆞ여셔아비죽거ᄂᆞᆯ내길러내여이날ᄶᆞ디니르니쳥권대내아ᄃᆞᆯ과밧고와디

라ᄒᆞ니도적이서로닐오ᄃᆡᄌᆞ식으로ᄡᅥ아ᄋᆞᄅᆞᆯ
밧고믄크게어던일이라ᄒᆞ고쥰과원직을다노
코가니그후에밀이죽으매쥰이닷ᄉᆡᄅᆞᆯ몰도아
니먹고비록긔년복을닙으나뉵년을심상ᄒᆞ니
라

蔡廓咨事
南北朝宋

蔡廓濟陽人奉兄軌如父家事大小皆諮而後行公祿賞賜一皆入軌有所資須悉就典者請焉從高祖在彭城妻郗氏書求夏服廓答曰知須夏服計給事自應相供無容別寄

〔詩〕奉兄如父敬無違家有尊嚴孰敢私祿賜盡應歸一室事無專制必先咨　扈從君王苦未回妻求夏服寄書來計給只言存典者稍無私意汚靈臺

채확은송나라뎨양사ᄅᆞᆷ이니형셤기기ᄅᆞᆯ아비와ᄀᆞ티ᄒᆞ여집안대쇼ᄉᆞᄅᆞᆯ다형의게취품ᄒᆞᆫ후

에힝ᄒᆞ고벼ᄉᆞᆯ에나ᄂᆞᆫ거ᄉᆞᆯ다형의게드리고ᄡᅳᆯ
ᄃᆡ이시면반ᄃᆞ시맛든사ᄅᆞᆷ의게청ᄒᆞ여ᄡᅳ고확
이남군을뫼셔나갓거ᄂᆞᆯ그안ᄒᆡ편디ᄒᆞ여여ᄅᆞᆷ
오ᄉᆞᆯ구ᄒᆞ니확이ᄃᆡ답ᄒᆞ되여ᄅᆞᆷ오ᄉᆞᆫ응당맛다
공급ᄒᆞᄂᆞ니이시니내ᄯᆞ로보낼일업다ᄒᆞ더라

五倫行實圖 卷四 兄弟 二十四

孫棘彭城人事母至孝母臨亡以小兒薩屬棘大明五年發三五丁薩應充行坐違期不至棘詣郡辭列棘爲家長令弟不行罪應百死乞以身代薩薩又自引太守張岱疑其不實以棘薩各置一處報云聽其相代顏色並悅甘心赴死棘妻許又寄語屬棘曰君當門戶豈可委罪小郎且大家臨亡以小郎屬君竟未娶妻君已有二兒死復何恨岱表上詔特原罪州加辟命並賜帛

詩 弟兄爭死豈要名乃婦猶知棘死輕帝感三人倫懿篤宥全門戶又褒旌　兄念慈親鞠子哀弟

思天顯克恭哉當前斧鉞爭趨赴豈料金鷄放赦

回

숀극은송나라핑셩사ᄅᆞᆷ이니어미ᄅᆞᆯ지효로셤

기더니어미님죵에어린아ᄃᆞᆯ로극의게부탁ᄒᆞ

엿더니나라히군졍을죠발ᄒᆞᆯ시그아이군졍에

섀이여가다가긔약을밋디못ᄒᆞ니죽을죄라극

이관가에나아가고ᄒᆞᄃᆡ내가댱이되여아ᄋᆞ로

ᄒᆞ여곰밋처가디못ᄒᆞ게ᄒᆞ니빅번죽어맛당효

디라쳥컨대극의몸으로아ᄋᆞᄅᆞᆯᄃᆡ신ᄒᆞ여디라

ᄒᆞ니아이ᄯᅩ스ᄉᆞ로죄ᄅᆞᆯ당ᄒᆞ거ᄂᆞᆯ대쉬그셩실

티아닌가의심ᄒᆞ여형뎨ᄅᆞᆯ각각두고날오ᄃᆡ네
원ᄃᆡ로ᄒᆞ리라ᄒᆞ니다깃거ᄒᆞᄂᆞᆫ빗치이셔죽기
ᄅᆞᆯ어려워아니ᄒᆞ고극의안히허시ᄯᅩ극의게말
을부쳐ᄀᆞᆯ오ᄃᆡ그ᄃᆡ문호ᄅᆞᆯ당ᄒᆞ여시니엇디져
근아ᄋᆞ의게죄ᄅᆞᆯ미로리오ᄯᅩ싀어버이님죵에
쇼랑으로그ᄃᆡᄅᆞᆯ맛뎌거ᄂᆞᆯᄆᆞᄎᆞᆷ내혼인도못ᄒᆞ
고그ᄃᆡᄂᆞᆫ이믜두ᄌᆞ식이이시니죽은돌무어술
ᄒᆞᆫᄒᆞ리오ᄒᆞ니태쉬듯고나라희주문ᄒᆞᆫ대뎐지
죠셔ᄒᆞ여특별이죄ᄅᆞᆯ샤ᄒᆞ시고다비단을주시
고고을로불러ᄡᅳ라ᄒᆞ시다

楊氏義讓
南北朝
北魏

楊播弘農人與弟春津並敦義讓昆季相事有如父子兄弟朝則聚於廳堂終日相對未曾入內有一美味不集不食廳堂間往往幃幔隔障爲寢息之所時就休偃還共談笑春年老曾他處醉歸津扶持還室仍假寢閤前承候安否春津年過六十並登台鼎而津尚朝暮參問子姪羅列階下春不命坐津不敢坐春每近出或日斜不至津不先飯春還然後共食食則津親授匙筯味皆先嘗春命食然後食春在京宅每有時味輒因使次付之若或未寄不先入口春每得所寄輒對之泣下一家之內男女百口緦服同爨

庭無間言

詩 楊家義讓篤天倫昆季儼如父子親一味共分相對笑藹然和氣滿堂春 六秩聯登位鼎司平生義敬老何衰朝朝參問情無倦扶醉兄歸弟授匙

양파눈위나라홍농사ᄅᆞᆷ이니그아ᄋᆞ츈과진으로더브러서로셤기미부ᄌᆞᄀᆞᄐᆞ여아ᄎᆞᆷ이면형뎨대쳥에모히여죵일토록샹듸ᄒᆞ여안ᄒᆞ로드러가디아니ᄒᆞ고죠흔음식이이시매못디아니면아니먹고대쳥ᄉᆞ이에댱을마리와헐소ᄅᆞᆯ민

ᄃᆞ라혹가셔쉬다가도로와효가디로담쇼ᄒᆞ고
츈의나히늙은후에나갓다가취ᄒᆞ여도라오면
진이븟드러방에드리고인ᄒᆞ여창밧긔셔자다
가술ᄭᅵ기ᄅᆞᆯ기ᄃᆞ려문안ᄒᆞ고츈과진이나히늙
십이다나고ᄌᆡ샹벼ᄉᆞᆯ에올라시되진이오히
려됴셕으로문안ᄒᆞᆯᄉᆡᄌᆞ질들은섬아ᄅᆡ나렬ᄒᆞ
고츈이안즈라아니ᄒᆞ면진이감히안셔못ᄒᆞ고
츈이ᄆᆡ양갓가이나갓다가혹져므도록오디아
니ᄒᆞ면진이밥을먹디아니ᄒᆞ고츈을기ᄃᆞ려먹
으며츈이밥먹을ᄉᆡ면진이친히술과져ᄅᆞᆯ밧드

러드리고음식을다몬져맛보며츈이먹으라ᄒᆞᆫ
후에먹으며츈이셔울집의이실새에진이혹시
절음식을어드면믄득인편에부쳐보내되츈의
게보내디못ᄒᆞ면몬져입에너티아니ᄒᆞ니츈이
ᄆᆡ양진의보낸거ᄉᆞᆯ보면ᄃᆡᄒᆞ여눈믈을ᄂᆞ리오
니ᄒᆞᆫ집안에남녀빅귀싀북지친ᄭᆞ지ᄒᆞᆫᄃᆡ밥지
어먹고ᄉᆞ이에다른말이업더라

五倫行實圖

達之贖弟

南北朝 南齊

吳達之義興人從祖弟敬伯夫妻荒年被略賣江北達之有田十畝貨以贖之同財共宅郡命爲主簿固以讓兄又讓世舊田與族弟弟亦不受田遂閑廢

詩 邢堪骨肉沒輿儓破產還收與共財職讓於兄田讓弟天倫外物視塵埃　賣業慇懃贖弟還同財共宅任飢寒世間無限爭田者聞却高風定汗顏

오달지ᄂᆞᆫ제나라의흥사ᄅᆞᆷ이니뉵촌아ᄋᆞ경ᄇᆡᆨ의부체흉년을만나먼ᄡᅥ히ᄑᆞᆯ녀거ᄂᆞᆯ달지밧ᄎᆞᆯᄑᆞ라드리고사내여지믈과집을ᄒᆞᆫ가지로ᄒᆞ며

고을에셔달지롤쥬부벼솔을ᄒᆞ이니달지그형
의게ᄉᆞ양ᄒᆞ고ᄯᅩ볏밧촐ᄉᆞ양ᄒᆞ여족뎨롤주니
그아이ᄯᅩᄒᆞᆫ밧디아니ᄒᆞ여ᄇᆞ린밧티되니라

光進反籍 唐

李光進鷄田人事親有至性母歿居喪三年不歸寢弟光顏先娶而母委以家事及光進娶母已亡弟婦籍貲貯納管鑰於姒光進命反之曰婦逮事姑且嘗命主家事不可改因相持泣乃如初

〔詩〕當年新婦拜姑前主饋辛勤久且專今日母亡那忍改泣還家籍故依然　萬古天倫終不泯乖離只在利錙銖欲知兄弟相安處須看斯門反籍圖

니광진은당나라계뎐사름이니어버이셤기믈지효로ᄒᆞ더니어미죽으매거상삼년에침실의

도라가더아니ᄒᆞ더라아ᄋᆞ광안이몬져댱가드
니어미가ᄉᆞ롤다맛졋더니밋광진이댱가들제
어미이믜죽어시니광안의체ᄌᆡ산문서와자믈
쇠롤다광진의쳐롤주니광진이봉ᄒᆞ여도로주
고ᄀᆞᆯ오ᄃᆡ제쉬일즉모친을셤기고가ᄉᆞ롤맛져
겨시니고치더못ᄒᆞ리라ᄒᆞ고인ᄒᆞ야형뎨븟들
고우러어미이실새와ᄀᆞ치ᄒᆞ더라

五倫行實圖
德珪死獄
宋

鄭德珪浦江人與弟德璋孝友天至晝則聯几案夜則同衾被德璋素剛直爲仇家陷以死罪當會逮揚州德珪哀弟之見誣乃陽謂曰彼欲害吾也何預爾事我往則姧狀白爾去得不死乎卽治行德璋追至道中兄弟相持頓足哭爭欲就死德珪默計沮其行夜將半從間道逸去德璋復追至廣陵德珪已死於獄德璋聞之慟絶者數四負骨歸葬廬墓再朞每一悲號烏鵲皆翔集不去

〔詩〕同衾聯几每相須不意剛剛陷罪誣視死如歸爭就獄牽留道上泣相扶　夜半潛歸死獄中廣

陵追至慟何窮再朞廬墓哀號處烏鵲飛翔慰怨
衷

뎡덕규ᄂᆞᆫ송나라포강사ᄅᆞᆷ이니아ᄋᆞ덕쟝으로
더브러효위지극ᄒᆞ여낫이면상을년ᄒᆞ여안ᄌᆞ
며밤이면니블을ᄒᆞᆫ가지로ᄒᆞ더니덕쟝이본ᄃᆡ
강직ᄒᆞᆫ디라남의게무함ᄒᆞᆫ배되여죽을죄로갓
치게되엿거ᄂᆞᆯ덕귀아의무죄ᄒᆞ믈불샹이너겨
덕쟝ᄃᆞ려거즛닐러ᄀᆞᆯ오ᄃᆡ제날을해ᄒᆞ고져ᄒᆞ
미니내가면져의간상을폭빅ᄒᆞ리라ᄒᆞ고즉시
길을ᄎᆞᆯ여가니덕쟝이듕노의ᄯᆞ라와형뎨서로

붓들고울며죽기ᄅᆞᆯᄃᆞ톨시뎍규아ᄋᆞᆯ못오게
ᄒᆞ여밤이깁흔후에ᄉᆞ이갈로ᄎᆞ자ᄀᆞ만이ᄃᆞ라
나니뎍쟝이ᄯᅩᄯᆞ라와광능ᄲᅧ희니ᄅᆞ니뎍규이
믜옥에셔죽은디라뎍쟝이이말을듯고통곡ᄒᆞ
여여러번긔절ᄒᆞ다가뎍규의죽엄을지고도라
와뭇은후에두히ᄅᆞᆯ슈묘ᄒᆞ니ᄆᆡ양슬피울면가
막가치ᄂᆞ라와가디아니ᄒᆞ더라

五倫行實圖
杜衍待兄
宋

杜行山陰人前母有二子不孝悌其母改適河陽錢氏祖母卒行年十五六二兄遇之無狀至引劍斫之傷腦出血數升其姑匿之僅以得免乃詣河陽歸其母繼父不容來孟洛間貧傭書以自資及貴其長兄猶存待遇甚有恩禮二兄及錢氏姑子孫受行蔭補官者數人仍皆爲之婚嫁

〔詩〕兄心無狀母歸人引劍殘傷骨肉親出血數升無疾怨烝烝終化兩頑嚚　天心福善理昭明豈爲傭書致顯榮不獨子孫多受蔭一門婚嫁亦能成

두연은송나라산음사ᄅᆞᆷ이니젼모의게두아ᄃᆞᆯ
이이시되어지디아니ᄒᆞ고그어미ᄂᆞᆫ하양에잇
ᄂᆞᆫ젼시의게ᄀᆡ가ᄒᆞ니라조뫼죽으매연의나히
열다엿인제두형이사오나이ᄃᆡ졉ᄒᆞ여칼로마
리ᄅᆞᆯ티니피두어되흐르거ᄂᆞᆯ그고뫼숨겨계요
사라나하양에어미게가니계뷔(어미ᄀᆡ가ᄒᆞᆫ지아비라)용납
다아니커ᄂᆞᆯ놈의삭글시ᄅᆞᆯ뻐주고계요조싱ᄒᆞ
더니그후벼ᄉᆞᆯ이놉ᄒᆞ매뭇형이오히려사라잇
ᄂᆞᆫ디라ᄃᆡ졉ᄒᆞᆷ을지극히ᄒᆞ고두형과고모와계
부의ᄌᆞ손들이연의음으로벼ᄉᆞᆯᄒᆞᆫ재여러사ᄅᆞᆷ

이오연이다혼인ᄒᆞ여주니라

張存布錦
宋

張存冀州人性孝友嘗爲蜀郡得奇繒文錦以歸悉布於堂上恣兄弟擇取常曰兄弟手足也妻妾外舍人耳奈何先外人而後手足乎收卹宗屬嫁聘窮嫠不使一人失所家居矜莊子孫非正衣冠不見

〔詩〕稟性於天篤友于從來不復念妻孥相懷只見連枝重堂上文繒盡向輸

手足何如外舍人肯先家室後天倫收卹孤嫠婚嫁畢誰能似子篤親親

댱존은송나라긔쥬사ᄅᆞᆷ이니텬셩이효도ᄅᆞᆸ고우의ᄒᆞ더니일즉촉군에원을ᄒᆞ여갓다가깁과

비단을어더도라와다당우희펴노코형뎨로ᄒᆞ
여곰ᄆᆞ옴대로골희여가지라ᄒᆞ고ᄆᆡ양닐오ᄃᆡ
형뎨ᄂᆞᆫ손과발ᄀᆞᆺ고쳐쳡은ᄂᆞᆷ의집사ᄅᆞᆷ이니엇
디ᄂᆞᆷ의집사ᄅᆞᆷ을몬져ᄒᆞ고손발을후에ᄒᆞ리오
ᄒᆞ고종족을거두어댱가드리고셔방맛쳐효사
ᄅᆞᆷ도의디업게아니ᄒᆞ고집안에이실제거동이
엄뎡ᄒᆞ니ᄌᆞ손이의관을바르디아니ᄒᆞ면뵈디
몯ᄒᆞ더라

彥霄析籍 宋

趙彥霄兄弟二人同爨十二年兄彥雲惟聲色博弈是娛生業壞已逾半彥霄諫不入遂求析籍及五年而兄之生計蕩然矣公私逋負尚千餘緡彥霄因除夕置酒邀兄嫂而告之曰向者初無分爨意以兄用度不節恐皆蕩盡俱有飢寒之憂今幸留一半亦足以給伏臘兄自今復歸中堂以主家務卽取分書付之火管鑰之屬悉以付焉又以己儲錢償其所逋負兄初有慚色不從不得已而受之次年彥霄一舉登第鄉人大敬服之

詩 同爨曾經一紀餘可憐家業漸蕭疎無端析籍

兄應恠丹懇他年見火書　兄蕩家資弟析居五年羸得有遺儲懸藂更酌元宵酒從此阿兄復主盧

됴언쇼ᄂᆞᆫ송나라사ᄅᆞᆷ이니형뎨열두ᄒᆡᄅᆞᆯᄒᆞᄃᆡ밥지어먹고사더니그형언운이셩식과잡기ᄅᆞᆯ즐겨가산이졈졈패ᄒᆞ니언쇠간ᄒᆞᄃᆡ듯디아니커ᄂᆞᆯ드ᄃᆡ여가산문셔ᄅᆞᆯᄂᆞᆫ화가지고각각먹고잇더니다ᄉᆞᆺᄒᆡ만의형의싱계이ᄆᆡ탕진ᄒᆞ고공ᄉᆞ의빗이쳔여금이라언쇠제셕(섯ᄃᆞᆯ그믐날이라)을인ᄒᆞ여ᄉᆞᆯ을마초고형수ᄅᆞᆯ쳥ᄒᆞ여날오ᄃᆡ내본ᄃᆡ분

ᄌᆡᄒᆞᆯ의ᄉᆡ업ᄉᆞ되형이ᄌᆡ믈ᄡᅳ기ᄅᆞᆯ존졀티아니
ᄒᆞ니두리건대인ᄒᆞ여탕진ᄒᆞ여긔한을면티못
ᄒᆞᆯ가ᄒᆞ미려니이제내가산이오히려반이이시
니족히명일에쥬식은ᄆᆞ출디라오ᄂᆞᆯ부터형이
다시뎡당의이셔가ᄉᆞᄅᆞᆯ쥬장ᄒᆞ게ᄒᆞ라ᄒᆞ고즉
시분ᄌᆡᄒᆞ던문셔ᄅᆞᆯ가져불에ᄉᆞᆯ오고여러열쇠
ᄅᆞᆯ다형수의게맛디고ᄯᅩ져츅ᄒᆞ엿던돈을내여
형의빗슬다갑흐니그형이븟그려ᄒᆞ다가마디
못ᄒᆞ여바드니라그이듬ᄒᆡ에언쇠급뎨ᄒᆞ니일
향사ᄅᆞᆷ이다탄복ᄒᆞ더라

道卿引頸 元

郭道卿莆田人四世祖義重以孝行著鄉里爲立孝子祠元初盜起居民多走匿道卿與弟佐卿獨守祠不忍去俱被執盜將殺佐卿道卿泣告曰吾有兒已長弟弱子幼請代弟死佐卿亦泣曰吾家事賴兄以理請殺我道卿固引頸請刃盜相顧曰汝孝門兄弟若此吾何忍害兩釋之

〔詩〕居民畏盜競逃奔獨守先祠只弟昆孝行固知天所與肯敎兇竪害元孫

弟兄爭死意堪悲賊膽還寒引頸時兩釋只緣誠孝感芳名傳世永無期

곽도경은원나라보뎐사ᄅᆞᆷ이니그고조의듕이
효ᄒᆡᆼ으로일홈잇더니밋죽으매향니사ᄅᆞᆷ이효
조ᄉᆞᄅᆞᆯ세워제ᄒᆞ더라그후도적이니러나빅셩
이다ᄃᆞ라나되도경은홀로아ᄋᆞ좌경을ᄃᆞ리고
ᄉᆞ당을딕희여ᄎᆞ마가디못ᄒᆞ다가도적의게잡
히여쟝ᄎᆞᆺ좌경을죽이려ᄒᆞ니도경이울며비러
ᄀᆞᆯ오ᄃᆡ나ᄂᆞᆫ자란조식이잇고아ᄋᆞᄂᆞᆫ병약ᄒᆞ고
ᄯᅩ조식이어리니청컨ᄃᆡ아ᄋᆞᄅᆞᆯᄃᆡ신ᄒᆞ여죽어
디라ᄒᆞᆫ대좌경이ᄯᅩ울며ᄀᆞᆯ오ᄃᆡ내형이아니면
가ᄉᆞᄅᆞᆯ엇디다ᄉᆞᆯ이리오청컨대날을죽이라도

경이ᄯᅩ목을늘의혀버히믈청ᄒᆞ니도적이서로
도라보와ᄀᆞᆯ오ᄃᆡ너희ᄂᆞᆫ효ᄌᆞ의집사ᄅᆞᆷ이오형
뎨ᄯᅩ이러ᄐᆞᆺᄒᆞ니우리엇디ᄎᆞ마해ᄒᆞ리오ᄒᆞ고
형뎨ᄅᆞᆯ다노하보내더라

郭全分財 元

郭全遼陽人事繼母唐古氏甚孝繼母生四子皆幼全躬耕以養旣長娶婦各求分財異居全不能止凡田廬器物自取荒獘朽敗者奉唐古氏以居甘旨無乏

詩 喫著艱辛共備嘗一朝分異可堪傷薄田破器吾當取甘旨無違奉後孃　薛包孝義世稱賢豈料君身更兩全青史昭垂名不泯又從圖畫上新編

곽젼은원나라뇨양사ᄅᆞᆷ이니계모당고시ᄅᆞᆯ지셩으로셤겨계뫼네아ᄃᆞᆯ을나하다어린디라젼

이몸소ᄡᅡᆺ가라먹이더니임의댱셩ᄒᆞ여안ᄒᆡᄅᆞᆯ
어드매각각분ᄌᆡᄒᆞ여ᄯᆞ로사라디라ᄒᆞᆫ대뎐이
말니디못ᄒᆞ여뎐ᄐᆡᆨ긔믈의낡고엇지아닌거ᄉᆞᆯ
스ᄉᆞ로가져계모ᄅᆞᆯ밧들고이셔감지ᄅᆞᆯ궐ᄒᆞᆷ이
업더라

思達義感
元

吳思達蔚州人兄弟六人嘗以父命析居思達爲開平主簿父卒還家治葬畢會宗族泣告其母曰吾兄弟別處十餘年矣今多破產以一母所生忍使兄弟苦樂不均耶卽以家財代償其逋更復共居不數年宅後楡柳爲之連理人以爲友義所感焉

[詩]曾承嚴命各分居憂樂參差十載餘泣告慈親辭感激弟兄和氣塞窮閭　一體而分六箇身悲歡饒瘠豈宜偏捐財償債還相聚楡柳終看理亦連

오ᄉᆞ달은원나라울쥬사ᄅᆞᆷ이니여ᄉᆞᆺ형뎨일즉

아븨명으로각각사더니ᄉᆞ달이ᄆᆡ평쥬부벼솔
을ᄒᆞ엿다가아비죽으매집에도라와상장을ᄆᆞ
ᄎᆞᆫ후에ᄉᆞ달이종족을모호고울며그어미게고
ᄒᆞ여ᄀᆞᆯ오ᄃᆡ우리형뎨ᄡᅧ나이션디십여년이러
니이제형뎨듕에가산을파ᄒᆞ니만흔디라엇디
ᄎᆞ마ᄒᆞᆫ어미의소싱으로고락이고로디아니케ᄒᆞ
리오ᄒᆞ고즉시지믈을기우려형뎨의빗을갑고
다시ᄒᆞᆫ집의모히여사더니두어ᄒᆡ만의집뒤희
버들과느름남기년리쉬되니사ᄅᆞᆷ이다닐오ᄃᆡ
우의효응험이라ᄒᆞ더라

君良斥妻
唐

劉君良饒陽人四世同居族兄弟猶同產也門內斗粟尺帛無所私隋大業中荒饉妻勸其異居乃易置庭樹鳥雛令鬪且鳴家人恠之妻曰天下亂禽鳥不相容況人耶君良卽與兄弟別處月餘密知其計因斥去妻曰爾破吾家召兄弟流涕以告更復同居貞觀六年表異其門閭

〔詩〕世同產業更同居四代相傳不少疎一婦邪謀寧間我終教兄弟復如初　斗粟其誰敢自私要同門內給寒飢滔滔好貨私妻子視此如何不忸怩

뉴군냥은당나라요양사ᄅᆞᆷ이니ᄉᆞᄃᆡᄅᆞᆯᄒᆞᆫ집의
사라촌수먼형뎨도동싱ᄀᆞ티ᄒᆞ여집안의ᄒᆞᆫ말
곡식과ᄒᆞᆫ자비단이라도ᄉᆞᄉᆞ로이ᄒᆞᄂᆞᆫ배업더
니흉년을만나니군냥의안ᄒᆡ군냥을권ᄒᆞ여ᄯᆞ
로사라다라ᄒᆞ고이에ᄆᆞ만이ᄯᅳᆯ에셧ᄂᆞᆫ나모우
희가마귀삿기ᄅᆞᆯ밧고아두어ᄒᆞ여곰서로ᄲᅡ화
울게ᄒᆞ니집사ᄅᆞᆷ이괴이히너기거ᄂᆞᆯ군냥의쳐
ᄅᆞᆯ오ᄃᆡ련ᄒᆡ어즈러오매새즘싱도서로용납디
못ᄒᆞ거든ᄒᆞ믈며사ᄅᆞᆷ이야닐러무엇ᄒᆞ리오ᄒᆞᆫ
대군냥이즉시형뎨와ᄯᆞ로사더니ᄒᆞᆫᄃᆞᆯ남즉ᄒᆞ

여군냥이그쳐의계교에속은줄알고쳐를내티며ᄀᆞᆯ오ᄃᆡ네엇디내집을그릇되게ᄒᆞᄂᆞ뇨ᄒᆞ고형뎨를불러눈믈을흘리며젼후ᄉᆞ연을다닐으고다시효가지로이시나후에나라히그집을졍문ᄒᆞ니라

公藝書忍
唐

張公藝壽張人九世同居北齊隋唐皆旌表其門高宗封泰山幸其宅召見公藝問其所以能睦族之道公藝請紙筆以對乃書忍字百餘以進其意以爲宗族所以不協由尊長衣食或有不均卑幼禮節或有不備更相責望遂爲乖爭苟能相與忍之則家道雍睦矣

〔詩〕世人分割不同廬獨有張公九世居帝問由來能睦道但將忍字百來書　禮嚴卑幼缺應頻尊長衣飧或未均忍不出言相責望怡怡家道自相親

댱공예ᄂᆞᆫ당나라슈쟝사ᄅᆞᆷ이니조샹브터구ᄃᆡᄅᆞᆯᄒᆞᆫ가지로사니그후여러나라흘디내되다그집을졍표ᄒᆞ엿더니당나라고종황뎨태산에봉션(님군의공덕을사겨명산에감초ᄂᆞᆫ일이라)ᄒᆞ시고오시다가그집에남ᄒᆞ샤공예ᄅᆞᆯ불러무르시되무ᄉᆞᆷ도리로능히이러ᄃᆞ시종족을화목ᄒᆞ게ᄒᆞᄂᆞᆫ다공예됴희와부ᄉᆞᆯ쳥ᄒᆞ여ᄎᆞᄆᆞᆯ인ᄧᆞ일ᄇᆡᆨ을ᄡᅥ드리니대개그ᄯᅳᆺ은종족이불화ᄒᆞ미ᄆᆡ양어룬이의식을혹고로디아니케ᄒᆞ고ᄂᆞ즈니와어린이녜졀을부족히ᄒᆞ면인ᄒᆞ여서로칙망ᄒᆞ여ᄃᆞ토며틈이나ᄂᆞ니진

실로능히서로초마디내면집안히스ᄉ로화목ᄒ다말이러라

陳氏羣食 宋

陳兢居江州十三世同居長幼七百口不畜僕妾上下姻睦人無間言每食必羣坐廣堂未成人者別爲一席有犬百餘亦置一槽共食一犬不至羣犬皆不食

詩 七百餘人未忍分高曾叔姪暨仍雲十三嗣世同炊爨每食長筵列作羣 敦睦家風世所崇詵詵長幼一堂中欲知感化冥冥理看取槽中百犬同

진긍은송나라사ᄅᆞᆷ이니강쥬ᄯᅡ히사라십삼ᄃᆡᄅᆞᆯᄒᆞᆫ가지로이셔집안사ᄅᆞᆷ이칠ᄇᆡᆨ귀라복쳡을

두디아니ᄒᆞ고샹해화목ᄒᆞ여ᄉᆞ이에다른말이
업고미양밥먹을적이면너른집의모히여안쇼
어린아ᄒᆡ들은ᄯᆞ로호자리에안티고기르ᄂᆞᆫ개
빅여ᄆᆞ리이셔ᄯᅩᄒᆞᆫ구유에먹이니ᄒᆞᆫ개못밋ᄎᆞ
면모든개먹디아니ᄒᆞ더라

仲淹義莊
宋

范仲淹吳縣人輕財好施尤厚於族人旣貴於姑蘇近郭買良田數千畝爲義莊以養羣從之貧者擇族人長而賢者一人主出納人日食米一升歲衣縑一匹嫁娶喪葬皆有贍給自政府出歸姑蘇焚黃搜外庫惟有絹三千匹令掌吏錄親戚及閭里知舊自大及小散之皆盡曰宗族鄕黨見我生長幼學壯仕爲我助喜我何以報之哉

〔詩〕千畝良田豈自圖盡施宗族遍親疎匹衣升食無他費婚葬相扶亦有餘　庫中搜得三千絹一日親知盡散之聊報鄕閭助吾喜相公曾不念家

私

범듕엄은송나라오현사ᄅᆞᆷ이니ᄌᆡ믈을가ᄇᆡ야이너기고ᄂᆞᆷ주기ᄅᆞᆯ됴화ᄒᆞ며더옥종족의게후히ᄒᆞ여벼ᄉᆞᆯ이이믜놉흐매집ᄀᆞᆺ가온곳에됴흔밧수쳔묘ᄅᆞᆯ사두어의장(의잇ᄂᆞᆫ뎐장이라)을삼아여러가난ᄒᆞᆫ겨레ᄅᆞᆯ치고겨레듕에나만코어던사ᄅᆞᆷᄒᆞ나흘ᄀᆞᆯᄒᆡ여ᄌᆡ믈을맛디고미인의게날마다ᄡᆞᆯᄒᆞᆫ되와ᄒᆡ마다깁ᄒᆞᆫ필식주고혼인과상ᄉᆞᄃᆞᆯ다ᄆᆞ초와주고졍승벼ᄉᆞᆯ로소분ᄒᆞ려고향에도라와밧고에남은깁삼쳔필을다내여맛ᄃᆞᆫ사ᄅᆞᆷ으

로ᄒᆞ여곰친쳑과고구ᄅᆞᆯ다긔록ᄒᆞ여크니와젹
으니ᄅᆞᆯ일시에흣터주며ᄀᆞᆯ오ᄃᆡ종족과향니사
ᄅᆞᆷ이내어려셔브터자라나벼ᄉᆞᆯᄒᆞ믈보고날을
위ᄒᆞ여깃부믈도와주니내엇디뼈갑흐리오ᄒᆞ
더라

陸氏義居 宋

陸九韶金溪人其家累世義居一人最長者爲家長一家之事聽命焉歲選子弟分任家事凡田疇租稅出納庖爨賓客之事各有主者九韶以訓戒之辭爲韻語晨興家長率衆子弟謁先祠畢擊鼓誦其辭使列聽之子弟有過家長會衆子弟責以訓之不改則撻之終不改度不可容則言之官府屛之遠方焉

〔詩〕割戶分門薄俗然義居陸氏事堪傳區分職任由家長出納承迎禮罔愆　韻語丁寧是訓辭晨興擊鼓謁先祠固知有敎元無類誰敢將身蹈匪彝

뉵구쇼ᄂᆞᆫ송나라금계사ᄅᆞᆷ이니누ᄃᆡ를ᄒᆞᆫ가지로사라그듕나만흔사ᄅᆞᆷᄒᆞ나흘ᄀᆞᆯ희여가댱을삼아온집일을다츄품ᄒᆞ고ᄒᆡ마다ᄌᆞ뎨를ᄀᆞᆯ희여가ᄉᆞ를ᄂᆞᆫ화맛져므릇농ᄉᆞ와ᄌᆡ믈츌납과음식ᄒᆞ기와손ᄃᆡ졉ᄒᆞᄂᆞᆫ일을다각각맛든재잇고구쇠ᄯᅩ경계ᄒᆞᄂᆞᆫ말로글을지어새벼닐어나면가댱이모든ᄌᆞ뎨를거ᄂᆞ려ᄉᆞ당의현알ᄒᆞ믈ᄆᆞᄎᆞ매북을울리며경계ᄒᆞᄂᆞᆫ글을외와ᄌᆞ뎨로ᄒᆞ여곰버려셔듯게ᄒᆞ고ᄌᆞ뎨듕에허믈이이시면여러ᄌᆞ뎨를모화ᄭᅮ디저ᄆᆞᄅᆞ티고고치디아니

ᄒᆞ면달초ᄒᆞ고ᄯᅩ죵시고치디아니ᄒᆞ여용납ᄒᆞ디못ᄒᆞ리면관가에고ᄒᆞ여먼ᄡᅡ흐로ᄶᅩᄎᆞᄇᆞ리더라

五倫行實圖
文嗣十世
元

鄭文嗣婺州人其家十世同居凡二百四十餘年一錢尺帛不敢私文嗣沒從弟大和繼主家事益嚴而有恩家中凜如公府子弟稍有過頒白者猶鞭之每歲時大和坐堂上羣從子皆盛衣冠鴈行立左序下以次進拜跪奉觴上壽畢皆肅容拱手自右趨出見者嗟慕余闕爲書東浙第一家以褒之大和方正不奉浮屠老子教冠婚喪葬必稽朱子家禮而行子孫從化皆孝謹諸婦惟事女工不使預家政家畜兩馬一出則一爲之不食人以爲孝義所感

[詩]怡怡肅肅政連緜十世同居二百年伏臘壽觴

遵禮敎傍觀嘖嘖嗟羣賢 家法嚴恩冠浙東不遵釋老尙儒風諸孫孝謹皆從化畜物雖微亦感通

뎡문ᄉᆞᄂᆞᆫ원나라무쥬사ᄅᆞᆷ이니십ᄃᆡᄅᆞᆯᄒᆞᆫ가지로사라이ᄇᆡᆨᄉᆞ십여년이된디라됴고만ᄌᆡ믈도ᄉᆞᄉᆞ로이아니ᄒᆞ더니문ᄉᆡ죽으매ᄉᆞ촌아ᄋᆞ대홰니어가ᄉᆞᄅᆞᆯ맛다더옥엄호ᄃᆡ은혜이시니집안히엄슉ᄒᆞ기관가마ᄐᆞᆫ여ᄌᆞ뎨져이죄괘이시면반ᄇᆡᆨ호사ᄅᆞᆷ이라도오히려매로티고세시면대홰당우희안ᄶᅭ모든ᄌᆞ뎨ᄂᆞᆫ다의관을셩히ᄒᆞ

여기러기항녈노ᄯᅳᆯ좌편의버려셧다가ᄎᆞ례로
나아와절ᄒᆞ고술어잔을밧드러슈ᄅᆞᆯ올리고열
골을ᄆᆞ다듬고손을쇼자우편으로추창ᄒᆞ여나
갈시보ᄂᆞᆫ사ᄅᆞᆷ이다차탄ᄒᆞ고흠모ᄒᆞ니여궐이
동졀뎨일가(동졀ᄯᅡ뎨일집이라)다ᄉᆞᆺᄌᆞᄅᆞᆯ크게ᄡᅧ주어포댱
ᄒᆞ더라대홰위인이뎡대ᄒᆞ니외도ᄅᆞᆯ슝샹티아
니ᄒᆞ여혼인과상ᄉᆞᄅᆞᆯ반ᄃᆞ시쥬ᄌᆞ가례ᄅᆞᆯ조ᄎᆞ
니ᄌᆞ손이다화ᄒᆞ여효도롭고공근ᄒᆞ여여러부
인들은다만녀공을일삼고가ᄉᆞ에간셥디못ᄒᆞ
게ᄒᆞ더라집의믈둘히이셔ᄒᆞᆫ믈이나가면ᄒᆞᆫ믈

이먹디아니ᄒᆞ니사ᄅᆞᆷ이다닐오ᄃᆡ어진ᄒᆡᆼ실의
감동ᄒᆞᆫ배라ᄒᆞ더라

張閏同爨 元

張閏延長人八世不異爨家人百餘口無閒言日使諸女諸婦各聚一室爲女紅工畢斂貯一庫室無私藏幼兒啼泣諸母見者卽抱哺一婦歸寧留其子衆婦共乳不問孰爲己兒兒亦不知孰爲己母也兄顯卒卽以家事付姪聚聚辭曰叔父行也叔宜主之閏曰姪宗子也姪宜主之相讓旣久卒以付聚至元閒旌表其門

詩八世同炊不析居女工勤聚不私儲兒啼見者爭相乳不問阿孃大小姐　已矣兄亡可得追盡將家事付宗兒一門叔姪相推讓高義堪爲後世

師

댱윤은원나라연쟝사ᄅᆞᆷ이니여ᄃᆞᆲᄃᆡᄅᆞᆯᄒᆞᄃᆡ이시며집사ᄅᆞᆷ이ᄇᆡᆨ여귀로ᄃᆡᄉᆞ이말이업고날마다여러부녀로ᄒᆞ여곰ᄒᆞᆫ집에모히여질삼ᄒᆞ다가일이ᄆᆞᄎᆞ면ᄒᆞᆫ고에녀허ᄉᆞᄉᆞ로이감초미업고어린아ᄒᆡ울면여러지어미보ᄂᆞᆫ대로안아졋먹이고ᄒᆞᆫ지어미친뎡에ᄃᆞ니라갈제그ᄌᆞ식을두고가면모든지어미ᄒᆞᆫ가지로졋먹여뉘아ᄒᆡ믈뭇디아니ᄒᆞ니그아ᄒᆡ쏘ᄒᆞᆫ뉘가제어민줄모로더라윤의형이죽으매윤이죽시가ᄉᆞ로ᄲᅧ족

하취의게맛디니취ᄉᆞ양ᄒᆞ여ᄌᆞᆯ오ᄃᆡ아자비ᄂᆞᆫ
아비항렬이라아자비맛당이맛드리이다윤이
ᄌᆞᆯ오ᄃᆡ너ᄂᆞᆫ종지라네맛당이맛드리라ᄒᆞ고서
로ᄉᆞ양ᄒᆞ다가ᄆᆞᄎᆞᆷ내족하의게맛디니후에그
집을졍문ᄒᆞ니라

五倫行實圖卷第四

五倫行實圖卷第五目錄

朋友

附

師生

牽招歛殯　　楊時立雪

元定對榻

樓護養呂
漢

樓護齊郡人有故人呂公無所歸護身與呂公妻與呂嫗同食後護妻子頗厭呂公護流涕責妻子曰呂公故舊窮老託身於我義所當奉遂養呂公以終身

〔詩〕故人投我爲無歸義所當爲不敢辭身勸呂公妻勸嫗一盤麤糲當甘肥　久寓人情生厭斁樓公垂涕責妻孥慇懃奉養終身世舊誼從前誓不孤

누호ᄂᆞᆫ한나라제군사ᄅᆞᆷ이니벗녀공이갈듸업거늘누회녀공과ᄒᆞᆫ듸밥먹으며누호의안히녀공의안히와ᄒᆞᆫ듸밥먹더니오랜후쳐지마장슬

희여ᄒᆞ니누회울며쳐ᄌᆞᄅᆞᆯ셔지저날오ᄃᆡ녀공
은녯벗이라늙고궁박ᄒᆞ여내게와의탁ᄒᆞᄂᆞ니
ᄃᆡ졉ᄒᆞ여야올흐니라ᄒᆞ고녀공을죽기ᄭᆞ지ᄃᆡ
졉ᄒᆞ니라

五倫行實圖
范張死友
漢

范式金鄕人字巨卿少遊太學與汝南張劭爲友劭字元伯二人並告歸鄕里式謂元伯曰後二年當過拜尊親乃共尅期日期將至元伯請設饌以候之母曰二年之別千里結言何相信之審耶對曰巨卿信士決不乖違母曰若然當醞酒至其日巨卿果至後元伯疾篤歎曰恨不見吾死友范巨卿尋卒式忽夢見元伯呼曰巨卿吾以某日死某時葬子未我忘豈能相及式便馳往赴之喪已發引旣至壙而柩不肯進其母撫之曰元伯豈有望耶遂停柩移時乃見有素車白馬號哭而來母曰是必巨卿也巨卿旣至叩

喪言曰行矣元伯死生異路永從此辭式因引柩於是乃前式遂留止家次爲脩墳樹而去

詩 千里相期二載餘眼青堂上見華裾壽觴共進浮春色始喜吾兒語不虛　白馬馳來是巨卿夢中相感亦丁寧攀號永訣柩還進誠信應通地下靈

범식은한나라금향사ᄅᆞᆷ이니ᄌᆞᄂᆞᆫ거경이라져머셔태혹에ᄃᆞᆫ닐ᄉᆡ댱원빅과ᄉᆞ괴엿더니원빅으로더브러고향으로도라갈ᄉᆡ식이원빅ᄃᆞ려닐오ᄃᆡ훗두ᄒᆡ만에그ᄃᆡ모친을가셔뵈오리라

ᄒᆞ고긔약ᄒᆞ엿더니그날이갓가와오거ᄂᆞᆯ원빅
이어미게고ᄒᆞ여음식을마초와더라ᄒᆞᆫᄃᆡ어미
닐오ᄃᆡ두ᄒᆡ니별에쳔리에셔닐은말을엇디미
드리오원빅이ᄀᆞᆯ오ᄃᆡ거경은유신ᄒᆞᆫ사ᄅᆞᆷ이라
반ᄃᆞ시어긔디아니ᄒᆞ리이다어미닐오ᄃᆡ그러
ᄒᆞ면술을비ᄌᆞ리라ᄒᆞ더니그ᄂᆞᆯ에과연거경이
와당에올라절ᄒᆞ고술먹으니라후에원빅이병
이듕ᄒᆞ니탄식ᄒᆞ여ᄀᆞᆯ오ᄃᆡ범거경을못보와ᄒᆞᆫ
이로라ᄒᆞ고이윽고죽으니식이ᄭᅮᆷ에원빅이불
러닐오ᄃᆡ거경아내아모날죽어아모날장ᄉᆞᄒᆞ

ᄂᆞ니날을닛디아니커든미처오라식이ᄉᆞᆷ을셔
여즉시돌려가니볼셔발인ᄒᆞ여무들ᄯᅢ해가시
되관이아니가거ᄂᆞᆯ그어미관을어르만지며골
오ᄃᆡ원ᄇᆡᆨ아무ᄉᆞᆷ기ᄃᆞ라미잇ᄂᆞ냐ᄒᆞ더니이윽
고흰술위흰ᄆᆞᆯ로울며오ᄂᆞ니잇거ᄂᆞᆯ어미닐오
ᄃᆡ이반ᄃᆞ시거경이로다과연거경이와상여를
두드리며골오ᄃᆡ힝ᄒᆞᆯᄃᆡ어다원ᄇᆡᆨ아ᄉᆞ싱이길
이다ᄅᆞ니일로조ᄎᆞ영결ᄒᆞ리라식이인ᄒᆞ여관
을ᄃᆞ리니관이이에나아가거ᄂᆞᆯ식이드ᄃᆡ여머
무러이셔무덤을일우고나모시므고가니라

張裔恤孤
三國 蜀

張裔蜀郡人先主以爲巴郡太守少與楊恭友善恭蚤死遺孤未數歲裔迎留與分屋而居事恭母如母恭之子息長大爲之娶婦買田宅產業使立門戶

詩 少結金蘭著意長死生雖異義何忘撫孤將母皆如己竟置田莊使主張　友道由來貴不渝張公信義孰能儔世間覆雨飜雲者見此寧無愧汗流

댱예ᄂᆞᆫ촉한새촉군사ᄅᆞᆷ이라션쥬파군태슈ᄅᆞᆯᄒᆞ이니댱예져머셔양공과벗ᄒᆞ여됴화ᄒᆞ더니양공이일즉죽고ᄌᆞ식이두어ᄉᆞᆯ도못되엿거ᄂᆞᆯ

댱예양공의가쇽을ᄃᆞ려다가집을ᄂᆞᆫ화살리고

양공의어미ᄅᆞᆯ셤기되친어미ᄀᆞᆺ티ᄒᆞ며양공의

ᄌᆞ식이ᄌᆞ라거ᄂᆞᆯ댱가드리고뎐튁가산을사주

어ᄒᆞ여곰문호ᄅᆞᆯ세오게ᄒᆞ다

五倫行實圖

道琮尋屍

唐

羅道琮蒲州人慷慨尚節義貞觀末上書忤旨徙嶺表有同斥者死荆襄間臨終泣曰人生有死獨委骨異壤耶道琮曰吾若還終不使君獨留此瘗路左去歲餘遇赦歸方霖潦積水失其殯處道琮慟諸野波中忽若溢沸者道琮曰若屍在可再沸祝已水復湧乃得屍負之還鄉

〔詩〕天涯同謫共辛酸委骨殊方涕自潸珍重臨終盟約在將身何忍獨生還

鷄書似與潦相期草葬江邊失所之一片丹誠天感應波中溢沸豈人爲

나도종은당나라포쥬사ᄅᆞᆷ이니ᄆᆞ옴이강개ᄒᆞ고절의ᄅᆞᆯ슝샹ᄒᆞ더니정관(당태종대년호라) 적의샹소ᄒᆞ다가님군의ᄯᅳ즐거스려녕남에귀향갓더니효가지로귀향간재이셔형양ᄉᆞ이의셔죽을제울며닐오ᄃᆡ사ᄅᆞᆷ마다죽음이잇거니와내홀로남의ᄯᅡ히ᄲᅧᄅᆞᆯᄇᆞ리랴도종이닐오ᄃᆡ내만일도라가면ᄆᆞᄎᆞᆷ내그ᄃᆡ로혼자예잇게아니ᄒᆞ리라ᄒᆞ고길마에뭇고갓다가훈히남즉ᄒᆞ야샤ᄅᆞᆯ만나도라올제마초와쟝마디니믈이ᄲᅡ히여무든곳을일코도종이들ᄒᆡ셔울며ᄎᆞᆺ더니믈결이홀연이셜ᄂᆞᆫ듯ᄒᆞ거ᄂᆞᆯ도종이닐오ᄃᆡ죽엄이예잇거든다시셜ᄒᆞ라ᄒᆞ고비더니믈이ᄯᅩ솟거ᄂᆞᆯ죽엄을어더몸소지고도라오니라

五倫行實圖
吳郭相報 唐

吳保安魏州人與郭仲翔居同里仲翔爲姚州都督李蒙判官哀其窮力薦之表爲掌書記後仲翔被執於蠻必求千縑乃肯贖保安營贖仲翔苦無資乃力居貨十年得縑七百妻子客遂州間關求保安所在困姚州不能進都督楊安居知狀異其故貲以行求保安得之引與語曰子棄家急朋友之患至是乎吾請貸爲貲助子之乏保安大喜卽委縑于蠻得仲翔以歸後仲翔居母喪及服除喟曰吾賴吳公生今親歿可行其志時保安以彭山丞客死妻亦歿喪不克歸仲翔爲服縗絰囊其骨徒跣負之歸葬廬墓三年

乃去迎保安子爲娶妻而讓以官

〔詩〕投蠻乞救恨家貧力索千縑贖一身負葬服緦還守墓感恩終報再生人　滔滔盡是翻雲手千古稀逢信義中感激恩情期必報兩人高操激媮風

오보안은당나라위쥬사ᄅᆞᆷ이니곽듕샹으로더브러ᄒᆞᆫᄆᆞ을에셔사다가듕샹이요쥬도독니몽의판관이되여보안의궁박ᄒᆞ믈불샹이너겨니몽의게힘뼈쳔거ᄒᆞ여댱셔긔벼ᄉᆞᆯ을ᄒᆞ엿더니후에듕샹이 남방오랑캐게잡히여 깁일쳔필을

밧고노흐리라ᄒᆞ거ᄂᆞᆯ보안이쇽ᄒᆞ여내고져호
ᄃᆡ갑시업ᄉᆞ니힘뻐댱ᄉᆞᄃᆞᆯᄒᆞ여십년만에깁칠
ᄇᆡᆨ필을엇고쳐ᄌᆞᄂᆞᆫᄒᆞᆫ가지로슈쥬ᄯᅡᄒᆡ부티여
이셔두로보안의잇ᄂᆞᆫ곳을ᄎᆞᆺ다가요쥬에셔몸
이디쳐능히나아가디못ᄒᆞ터니도독양안게그
일을알고괴이히너겨위ᄒᆞ여보안을ᄎᆞ자어드
니안게청ᄒᆞ여ᄂᆞᆯ려ᄀᆞᆯ오ᄃᆡ그ᄃᆡ집을ᄇᆞ리고벗
의환란을급히너기며이대도록ᄒᆞ냐청컨대ᄌᆡ
믈을내여그ᄃᆡ부족ᄒᆞᆫ거ᄉᆞᆯ도으리라보안이크
게깃거깁을가져오랑캐를주고듕샹을어더도

라오니후에듕샹이모상을만나삼년을ᄆᆞᄎᆞ매
탄식ᄒᆞ여ᄀᆞᆯ오ᄃᆡ내오공을힙닙어사랏ᄂᆞᆫ디라
이제ᄂᆞᆫ어버이업ᄉᆞ니가히버ᄇᆞᆺ을힝ᄒᆞ리라ᄒᆞ
고이ᄯᅢ에보안이핑산승벼ᄉᆞᆯ에셔죽고그안희
도ᄯᅩᄒᆞᆫ죽어능히티상ᄒᆞ여도라오디못ᄒᆞ니듕
샹이위ᄒᆞ여복을닙고죽엄을거두어지고도라
와장ᄉᆞ를ᄆᆞᄎᆞ매삼년을슈묘ᄒᆞ고보안의아ᄃᆞᆯ
을마조와댱가드리고벼ᄉᆞᆯ을ᄉᆞ양ᄒᆞ여주니라

李勉還金 唐

李勉京兆人少貧客梁宋與諸生共逆旅諸生疾且死出白金曰左右無知者幸君以此爲我葬餘則君自取之勉許諾既葬密置餘金棺下後其家謁勉共啓墓出金付之

詩 逆旅同棲幾苦辛臨終訣語忍堪聞死生付托無相負高義千秋孰似君　葬君餘是爲吾物若取而歸是負心密取餘金棺下置此心皎皎彼蒼臨

니면은당나라경됴사름이니져믄제가난ᄒᆞ여냥송ᄯᅡ의가손이되여션비들과ᄒᆞᆫ쥬인에잇더

나ᄒᆞᆫ션ᄇᆡ병드러죽을제ᄒᆡᆫ금을내여면을주어
ᄀᆞᆯ오ᄃᆡ겻ᄒᆡ사ᄅᆞᆷ이모로ᄂᆞ니그ᄃᆡ이금으로내
장ᄉᆞᄅᆞᆯ디내고남거든그ᄃᆡ가지라니면이허락
ᄒᆞ고장ᄉᆞᄅᆞᆯᄆᆞᄎᆞ매나ᄆᆞᆫ금을ᄀᆞ만이관아ᄅᆡ녀
헛더니후에그집사ᄅᆞᆷ이면을가보니면이ᄒᆞᆫ가
지로무덤을열고금을내여주니라

徐晦不負
唐

徐晦少爲楊憑所善憑得罪貶臨賀尉姻友憚累無往候者獨晦至藍田慰餞宰相權德輿謂曰君送臨賀誠厚無乃爲累乎晦曰方布衣時臨賀知我今忍遽棄耶有如公異時爲奸邪譖斥又可爾乎德輿歎其直稱之朝李夷簡遽表爲監察御史晦過謝問所以舉之之由夷簡曰君不負楊臨賀肯負國乎

詩 自許相知舊布衣那堪遠謫送將歸一身有累何曾計送至藍田不忍離　相公推薦應非苟稱職終爲御史官不負相知寧負國高名一日上朝端

셔회ᄂᆞᆫ당나라사ᄅᆞᆷ이니벗양빙이죄에걸녀내티여남하위벼ᄉᆞᆯ로가거ᄂᆞᆯ겨레와벗들이년루ᄒᆞᆯ가저허가보리업더니셔회홀로가젼송ᄒᆞᆫ대지샹권덕에날오ᄃᆡ그ᄃᆡ남하ᄅᆞᆯ젼송ᄒᆞ니진실로후ᄒᆞ거니와년루ᄒᆞ미업스랴셔회ᄀᆞᆯ오ᄃᆡ내포의ᄯᅢ브터남하와친ᄒᆞ니이제ᄎᆞ마엇디ᄇᆞ리리오만일공이이후에간인의게모함ᄒᆞᆫ배되면ᄯᅩᄒᆞᆫ그리아니랴덕에그고든줄을됴뎡에일ᄏᆞ르니니이간이셔회ᄅᆞᆯ쳔거ᄒᆞ여감찰어ᄉᆞᄅᆞᆯᄒᆞ이니회가셔샤례ᄒᆞ고쳔거ᄒᆞᆫ연고ᄅᆞᆯ무른대이

간이날오ᄃᆡ그ᄃᆡ양님하ᄅᆞᆯ져ᄇᆞ리디아니ᄒᆞ니엇디나라ᄒᆞᆯ져ᄇᆞ리랴ᄒᆞ더라

查道傾囊 宋

査道休寧人初赴擧貧不能上道親族哀錢三萬遺之道出滑臺過父友呂翁家翁喪貧窶無以葬其母兄將鬻女以襄事道傾橐中錢悉與之又嫁其女

詩 義重財輕見最明貧難赴選亦無營却將親戚哀錢橐都爲先人執友傾　元振今亡可奈何惟謀鬻女不謀他橐錢傾與供襄事又助其婚濟一家

사도ᄂᆞᆫ송나라휴녕사ᄅᆞᆷ이니처음에과거보라갈제가난ᄒᆞ여길을나디못ᄒᆞ더니겨레들이돈삼만을모도와주니힝ᄒᆞ여활ᄃᆡᄯᅡ흐로디날ᄉᆡ

아비벗녀옹의집에드러가너녀옹의상ᄉᆞ애가
난ᄒᆞ여장ᄉᆞᄅᆞᆯ못ᄒᆞᆯ시쟝ᄎᆞᆺ그ᄯᆞᆯ을ᄑᆞ라디내려
ᄒᆞ거ᄂᆞᆯ사되횡장을기우려그돈을다주고그ᄯᆞᆯ
을셔방마쳐보내니라

韓李更僕 宋

韓億雍丘人李若谷徐州人未第時皆貧同試京師
每出謁更爲僕李先登第授長社縣主簿赴官自控
妻驢億爲負一箱將至縣三十里李謂韓曰恐縣吏
來箱中只有錢六百以其半遺韓相持大哭別去後
舉韓亦登第仕皆至參政爲婚姻不絕

〔詩〕二子同時舉上都何嫌出謁迭爲奴由來貧賤
交尤密榮辱升沉兩不渝　自控妻驢赴縣時韓
生猶復負箱隨分錢道上相持哭從此連姻義莫
虧

한억은송나라옹구사ᄅᆞᆷ이오녀약곡은서쥬사

룸이니급뎨못ᄒᆞ야신제가난ᄒᆞ야ᄒᆞᆫ가지로과거보라셔울갈ᄉᆡ서로죵이되더니약곡이몬져급뎨ᄒᆞ여쟝사ᄯᅡ에원ᄒᆞ여갈제그안히ᄐᆞᆫ나귀견마ᄅᆞᆯ잡고한억은짐지고가더니고을삼십리ᄅᆞᆯ못밋처가셔약곡이한억ᄃᆞ려닐오ᄃᆡ고을아젼이올가저헤라ᄒᆞ고짐에다만돈뉵빅이잇거ᄂᆞᆯ반을ᄂᆞᆫ화한억을주고서로붓드려크게울고가더니훗과거의한억이ᄯᅩ급뎨ᄒᆞ여둘히ᄒᆞᆫ가지로벼ᄉᆞᆯ이ᄌᆡ샹에니르고서로혼인ᄒᆞ여ᄭᅳᆫ티아니ᄒᆞ더라

純仁麥舟 宋

范純仁仲淹子仲淹在睢陽純仁到姑蘇搬麥五百
斛純仁時尚少旣還舟次丹陽見石曼卿問寄此久
何也曼卿曰兩月矣三喪在淺土欲葬而北歸無可
與謀者純仁以所載麥舟付之單騎到家拜起侍立
良久仲淹曰東吳見故舊乎曰曼卿爲三喪未舉方
留滯丹陽時無郭元振無可告者仲淹曰何不以麥
舟與之純仁曰付之矣

詩誰敎小范往姑蘇大范親提汗血駒搬到義聲
輸老子麥舟五百視錙銖　歸來侍立喜津津不
問歸裝問故人倘不麥舟付襄事茲行終是負嚴

親

범슌인은송나라사ᄅᆞᆷ이니즁엄의아ᄃᆞᆯ이라즁엄이슌인으로ᄒᆞ여곰고소ᄯᅡ히가보리오ᄇᆡᆨ셕을운젼ᄒᆞ여오라ᄒᆞᆫᄃᆡ슌인이이ᄣᆡ에나히오히려져멋ᄂᆞᆫᄃᆡ라도라올제단양ᄯᅡ히다ᄃᆞ라셕만경을보고무르되엇디여긔오래잇ᄂᆞ뇨만경이닐오ᄃᆡ머무런디두ᄃᆞᆯ이로ᄃᆡ세상ᄉᆞᄅᆞᆯ빈소ᄒᆞ여두고장ᄉᆞᄒᆞ고가려ᄒᆞ오ᄃᆡ더브러의론ᄒᆞ리업세라슌인이그보리실은ᄇᆡᄅᆞᆯ다주고단긔로집의도라와아븨게뵈고뫼셔셧더니즁엄이ᄀᆞᆯ오

듸동오에셔벗을본다슌인이ᄀᆞᆯ오듸만경이
세상ᄉᆞ롤장ᄉᆞᄒᆞ디못ᄒᆞ여단양에셔머믈며이
제곽원단ᄀᆞᄐᆞᆫ사ᄅᆞᆷ이업ᄉᆞ니고ᄒᆞᆯ듸업세라ᄒᆞ
더이다즁엄이ᄀᆞᆯ오듸엇디보리비ᄅᆞᆯ아니준다
슌인이ᄉᆞᆯ오듸볼셔주엇ᄂᆞ이다ᄒᆞ더라

五倫行實圖
侯可求醫 宋

侯可華州人爲華原主簿少與田顏爲友顏病重千里爲求醫未歸而顏死目不瞑人曰其待侯君乎且斂而可至拊之乃瞑顏無子不克葬可辛勤百營鬻衣相役卒葬之方天寒單衣以居有饋白金者顧顏之妹處室舉以佐其奩具一日自遠歸家以窶告適友人郭行扣門曰吾父病醫邀錢百千賣吾廬而不售可惻然計槖中裝略當其數盡與之關中稱爲賢

〔詩〕辛勤千里遠求醫生死那知隔此時張目瞑時靈不昧鬻衣空相送終儀

郭生罄槖還資急顏妹遺金更顧窮不負一心生死際華原高義薄層

空

후가ᄂᆞᆫ송나라화쥬사ᄅᆞᆷ이라화원원을ᄒᆞ니져
믄제뎐안과사괴엿더니뎐안이병이듕ᄒᆞ거ᄂᆞᆯ
쳔리에가의원을구ᄒᆞ여도라오디못ᄒᆞ여셔뎐
안이죽어눈을ᄀᆞᆷ디아니커ᄂᆞᆯ사ᄅᆞᆷ이닐오ᄃᆡ후
가ᄅᆞᆯ기ᄃᆞ려그려ᄒᆞ미냐쟝ᄎᆞᆺ념ᄒᆞ매후개니르
러손으로만지니눈을ᄀᆞᆷ으니라뎐안이ᄌᆞ식이
업서장ᄉᆞᄅᆞᆯ못ᄒᆞ여ᄒᆞ거ᄂᆞᆯ후개신근히ᄇᆡᆨ가지
로경영ᄒᆞ여오ᄉᆞᆯᄑᆞ라역ᄉᆞᄅᆞᆯ도와ᄆᆞᄎᆞᆷ내장ᄉᆞ
ᄒᆞ엿더니그새날이치운디라후개홋옷닙고잇

더니흰금을주ᄂᆞ니잇거놀텬안의누의쳐녀로
잇ᄂᆞᆫ줄알고그금을주어혼구ᄅᆞᆯ도으니라ᄒᆞᆯᄂᆞᆫ
먼리나갓다가도라오니집의셔군핍ᄒᆞᆷ을고ᄒᆞ
더니마초아벗곽힝이와문을두ᄃᆞ려닐오ᄃᆡ내
아비병드러의원의게쳥ᄒᆞ니돈을만히달라호
ᄃᆡ내집을ᄑᆞ라도모ᄌᆞ라리로다ᄒᆞᆫ대후개불샹
이너겨힝장에남은거ᄉᆞᆯ혜아리니거의그수ᄅᆞᆯ
당ᄒᆞᆯ디라다주니관듕사ᄅᆞᆷ이다그어딜믈일ᄏᆞᆺ
더라

云敞自劾
漢

云敞平陵人師事同縣吳章平帝時章爲博士王莽秉政章忤莽坐腰斬當是時章弟子千餘人莽以爲惡黨皆當禁錮不得仕宦乃盡更名他師敞時爲大司徒掾自劾吳章弟子收抱章屍歸棺斂葬之京師稱焉車騎將軍王舜高其節義薦爲中郞諫大夫

〔詩〕吳章忤莽坐腰刑畏禁門人盡更名獨有先生能自劾斂藏骸骨答恩情　式穀成人誨在師事三如一分當宜先生一擧扶名敎此義須令學子知

운창은한나라평능사름이니효고을오장을스

승으로셤기더니왕망이오장을죽이고오장의뎨ᄌᆞ쳔여인을ᄒᆞᆫ당이라ᄒᆞ여다금고ᄒᆞ야벼ᄉᆞᆯ못ᄒᆞ게ᄒᆞ니다다른ᄃᆡ비홧노라일커로ᄃᆡ운창이이ᄯᅢ대ᄉᆞ도연벼ᄉᆞᆯ이라스ᄉᆞ로쟝의뎨ᄌᆡ로라ᄒᆞ고쟝의죽엄을거두어념습ᄒᆞ여장ᄉᆞᄒᆞ니셔울사ᄅᆞᆷ이다일ᄏᆞᆺ더라왕슌이그졀의ᄅᆞᆯ놉히너겨즁낭간태우벼ᄉᆞᆯ을ᄒᆞ이니라

桓榮奔喪 漢

桓榮沛郡人少學長安習歐陽尚書事博士九江朱普貧窶無資常客傭以自給精力不倦十五年不窺家園會普卒榮奔喪九江負土成墳因留教授徒衆數百人

詩 生三事一理斯存世之隆儒孰扣昏桓氏也能知此義奔喪負土報前恩 食貧都下習書經十五年來力致精尊寵竟蒙稽古力何曾一字忘先生

환영은한나라패군사ᄅᆞᆷ이니져믄제셔울가비화구강의잇ᄂᆞᆫ쥬보ᄅᆞᆯ셤겨샹서ᄅᆞᆯ비호다가가

난ᄒᆞ여ᄌᆞ싱ᄒᆞᆯ길이업ᄉᆞ니ᄆᆡ양품ᄑᆞ라니우고
힘ᄡᅥ게으르디아니ᄒᆞ야십오년을집동산을보
디아니ᄒᆞ더라마초아쥬뵈죽거ᄂᆞᆯ환영이분상
ᄒᆞ여구강의가ᄒᆞᆰ을져무덤을일우고인ᄒᆞ여머
무러뎨ᄌᆞ수ᄇᆡᆨ을ᄆᆞᄅᆞ치니라

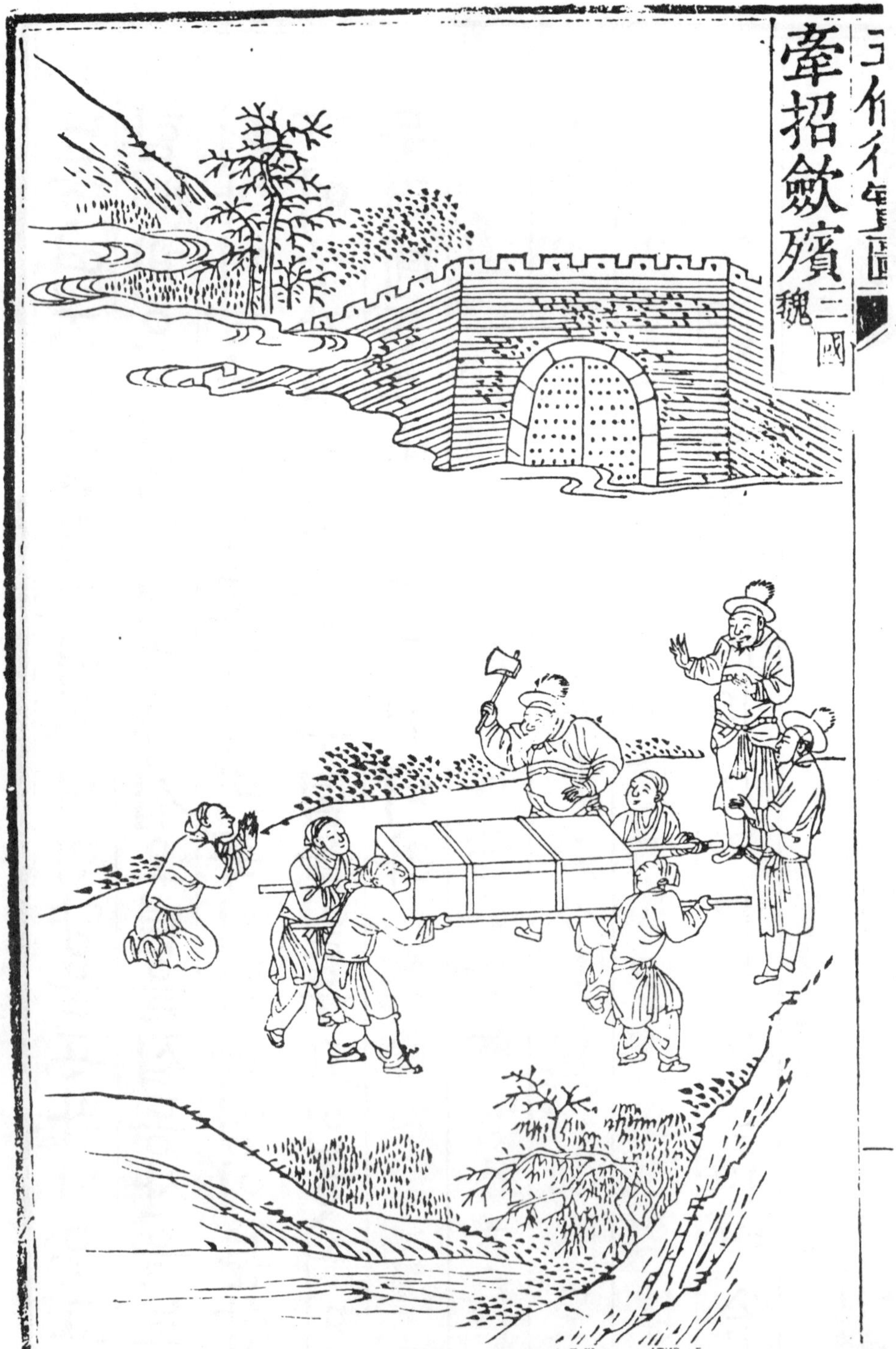
韋招斂殯
三國
魏

牽招觀津人年十餘歲詣同縣樂隱受學後隱爲車騎將軍何苗長史招隨卒業値京都亂苗隱見害招與隱門生史路等觸蹈鋒刃共殯斂隱屍送喪還歸道遇寇抄路等皆悉散走賊欲斫棺取釘招垂淚請免賊義之乃釋而去由此著名

詩 當年從學在髫稚遇亂師亡最可悲冒刃斂屍還舊里蒼皇終不負吾師 道逢頑寇亂干戈史路先奔獨奈何一寸丹誠終感賊斫棺凶禍不能加

견쵸는위나라관진사룸이니나히십여세에효

고을잇ᄂᆞᆫ악은의게가ᄇᆡ호더니후에악은이쟝균하묘의막해되여가거ᄂᆞᆯ견쵀조ᄎᆞ가ᄆᆞᄎᆞᆷ내ᄇᆡ호더니경셩에난이니러나하묘와악은이다죽거ᄂᆞᆯ견쵀악은의데ᄌᆞᄉᆞ로등으로더브러칼날을무롭ᄡᅳ고드러가악은의죽엄을념습ᄒᆞ고발인ᄒᆞ여도라오다가도적을만나다른데ᄌᆞ들이다ᄃᆞ라나니도적이관을ᄶᅦ쳐모슬ᄲᆡ히려ᄒᆞ거ᄂᆞᆯ쵀울고말린ᄃᆡ도적이착히너겨노코가니일로말ᄆᆡ암아일홈이나타나니라

楊時立雪 宋

楊時南劒人得明道之傳而歸及聞其卒設位哭寢門以書訃告同學者後與游酢同見伊川伊川瞑目而坐二子侍立旣覺謂曰賢輩尙在此乎今旣晩且休矣及出門外雪深一尺矣

〔詩〕學道歸來道已東山頹梁毁恨難窮寢門慟擗知天喪爲訃諸生共哭從　吾師之弟亦吾師却與游君共事之偶値先生瞑目坐雪深一膝不知疲

양시ᄂᆞᆫ송나라남검사ᄅᆞᆷ이 니명도션성긔 도ᄒᆞᆨ을비화도라왓다가션싱의부음을듯고침실문

밧긔허위ᄅᆞᆯ베프러울고ᄒᆞᆫ가지로빅호던사ᄅᆞᆷ
의게통부ᄒᆞ니라후에유작으로더브러이쳔션
ᄉᆡᆼ을뵈오니이쳔션ᄉᆡᆼ이눈을ᄀᆞᆷ으시고안ᄌᆞ거
ᄂᆞᆯ두사ᄅᆞᆷ이뫼셔셧더니션ᄉᆡᆼ이ᄭᆡ치고닐오시
ᄃᆡ그ᄃᆡ네그저잇던다오ᄂᆞᆯ이이믜져므러시니
가쉬라ᄒᆞ시거ᄂᆞᆯ문밧긔나니눈이ᄲᅡ혀깁희ᄒᆞᆫ
자히러라

元定對榻 朱

蔡元定建陽人父發博覽羣書以程氏語錄邵氏經世書張氏正蒙授元定曰此孔孟正脉也元定深通其義旣長辨析益精登西山絕頂忍飢食齏讀書聞朱子名往師之朱子叩其學大驚曰此吾老友也不當在弟子列遂與對榻講論諸經奧義每至夜分四方來學者必俾先從元定質正焉

詩 蔡公問學自家庭虛已尋師要道成勤苦西山通正脉紫陽初見亦應驚　力學精思素性存青年探討見眞源晦庵叩學難爲友師道何慚一世尊

채원뎡은송나라 건양사ᄅᆞᆷ이니아비발이글을
만히보와졍시어록과쇼시경셰셔와댱시뎡몽
(다칙일홈이라)으로원뎡을마ᄅᆞ쳐ᄀᆞᆯ오ᄃᆡ이ᄂᆞᆫ공조밍조
의뎡믹이니라원뎡이그글ᄠᆞᆺ을깁히아라조라
매문의ᄆᆞᆯ분변ᄒᆞ고푸러보미더옥졍ᄒᆞ야셔산
졀졍의올나주리믈ᄎᆞ마 ᄂᆞ믈올먹고글닑더니
쥬조일홈을듯고가스승ᄒᆞ니쥬지원뎡의벼혼
거솔무러보시고크게놀나ᄀᆞᆯ으샤ᄃᆡ이ᄂᆞᆫ내늙
은벗이오뎨조항녈의두디못ᄒᆞ리로다ᄒᆞ시고
탑을ᄃᆡᄒᆞ여안자경셔의깁흔ᄠᆞᆺ올강논ᄒᆞ실시

미양밤듕ᄭᆞ지니ᄅᆞ고ᄉᆞ방의셔와비호ᄂᆞᆫ사ᄅᆞᆷ
은반ᄃᆞ시ᄒᆞ여곰몬져원뎡을조차질뎡ᄒᆞ게ᄒᆞ
시더라

太宗癸未置鑄字所以詩書左傳爲字本鑄銅
字十萬 世宗甲寅以孝順事實爲善陰騭爲
字本鑄二十萬字印行小學三綱行實 英宗
壬辰我 聖上在春邸命以甲寅字爲本鑄十
五萬字藏于外閣元年丁酉用前本又鑄十五
萬字藏于內閣甲寅並移藏于昌慶宮之舊弘
文館命之曰鑄字所又用字典字木刻大小三

十二萬餘字賜名生生字粵明年乙卯爲印整
理儀軌以生生字爲本鑄如本字曰整理字丁
巳小學五倫行實鄕禮合編編成命小學鄕禮
合編用丁酉字五倫行實用整理字並自鑄字
所印頒每印一書必載鑄字事實於卷端以識
其廣惠壽傳之義而在是書尤切蓋字本也編
名也印書之所也皆追述　兩聖朝徽規若合
符契也

五倫行實圖卷第五

五倫行實圖 解題

洪 允 杓

五倫行實圖는 1797年(正祖 21年)에 正祖가 沈象奎 등에게 命하여 三綱行實圖와 二倫行實圖의 두 책을 합하여 諺解文에 수정을 가해서 整理銅活字로 刊行한 책이다. 모두 5卷 4冊으로 되어 있다. 그러나 所藏本에 따라 5卷 5책으로 되어 있기도 하다.

이 책이 三綱行實圖와 二倫行實圖를 합치고 이에 諺解文에 修正을 가해 만들었다는 사실은 王朝實錄에 기록되어 있다.

且三綱二倫行實等篇 爲輔治勵世之具 與小學書 不可偏廢 釐爲一編 命之曰五倫行實

〈正祖實錄 卷之四十六 二十一年 丁巳 正月 壬寅條〉

이것은 五倫行實圖의 綸音에도 그대로 나타나고 있다.

이 책의 刊年을 알 수 있는 근거로서는 다음과 같은 기록을 들 수 있다.

이 책의 맨앞에 御製養老務農頒行小學五倫行實鄕飮酒禮鄕約綸音이 있는데 이 末尾에 「上之二十一年正月初一日」이라 되어 있고, 또 五倫行實圖序의 앞에 「上之二十有一年丁巳月 云云 」의 기록이 그 刊年을 보이고 있다.

그리고 朝鮮王朝實錄에도 이러한 記錄이 보인다. 즉

鑄字所印進五倫行實 世宗朝命集賢諸臣 蒐閱古今傳記 得孝子忠臣烈女之卓然者百有餘人 圖形於前 紀實於後 刊頒中外 俾補風敎 今所傳三綱行實是也 中廟朝 金安國 復取歷代諸賢處長幼交朋友可爲師法者四十七人 紀事圖讚以補三綱行實之所未備 今所傳二倫行實是也 上旣頒鄕禮合編 又命閣臣沈象奎等取三綱二倫兩書而合證之 證訂諺解 名曰五倫行實 命鑄字所 活印頒綾 俾作鄕禮之羽翼

〈正祖實錄 卷之四十七 二十一年 丁巳七月丁亥條〉

그리고 이 五倫行實圖에 內賜記가 있는 책이 있다. 즉 서울대 奎章閣圖書(圖書番號 규5817)에 「嘉慶二年九月日內賜華城府 ----件」의 內賜記가 있는데 이 嘉慶 二年은 1797年이다.

이 책의 크기는 세로 가로 각각 32.3 cm, 19.3 cm이고 半葉匡郭은 세로 21.7 cm, 가로 13.9 cm이다. 四周雙邊에 10行 20字이고 版心魚尾는 上黑魚尾이다. 版心題는

五倫行實圖이다.

이 책은 맨 앞에 御製養老務農頒行小學五倫行實鄕飮酒禮鄕約綸音이 있고 이어서 李晩秀가 쓴 五倫行實圖序가 있다. 그리고 二倫行實圖原序, 三綱行實圖原跋, 二倫行實圖原序가 있고 校閱者와 監印者의 이름(校印諸臣名) 이 나온다. 뒤를 이어 五倫行實圖卷第一目錄과 함께 本文이 시작된다. 本文은 그림이 나온 뒤를 이어서 漢文原文이 나오는데, 여기에는 우리나라와 中國의 歷代文獻에서 孝子, 忠臣, 烈女, 朋友, 兄弟에 관계된 人物 150名을 뽑아 그림과 漢文의 說明과 詩, 贊을 붙여 놓았다. 三綱 중 孝子에 33인, 忠臣이 35인, 烈女에 35인과 二倫 중 兄弟가 24인에 宗族이 7인, 朋友가 11인에 師生이 5인으로 모두 150인이 된다. 漢文 本文의 뒤에 諺解文이 보인다. 이 諺解文은 모두 한글로만 되어 있다. 三綱行實圖와 二倫行實圖가 欄上에 諺解를 한 데 비해 이 五倫行實圖는 本文에 이어서 그대로 싣고 있다는 점이 크게 다르다.

前述한 바와 같이 5卷 4冊으로 되어 있는데, 卷1이 孝子, 卷2가 忠臣, 卷3이 烈女, 卷4가 兄弟(뒤에 附宗族이 붙어 있다), 卷5가 朋友(뒤에 附師生이 붙어 있다)로 되어 있다.

이 五倫行實圖는 初刊後 62年만인 1859年(哲宗 10年)에 重刊된 木版本이 있다. 哲宗實錄 卷之十一 十年 己未 九月 丁丑條에

命五倫行實改刊

라 되어 있는 것에서 알 수 있다. 이 重刊本은 漢文 原文과 함께 諺解文의 모습은 初刊本에 비해 조금도 달라진 것이 없다. 거의 覆刻을 하다시피 한 것이기 때문이다.

五倫行實圖에 나타나고 있는 國語學的 特徵을 들면 다음과 같다.

(1) 語頭合用並書는 ㅅ系와 ㅂ系가 동시에 사용되고 있다. 그러나 ㅅ系가 훨씬 우세하게 사용되고 있다. 그리고 各自並書는 거의 보이지 않는다.

ㅺ : ᄭᅵᆫ(三 39a) ᄭᅩ리(一 60a) ᄭᅮ러(一 16b) ᄭᅥ리디(一 49b)

ㅼ : ᄯᆞ로디(一 5b) ᄯᅳᆺ이(一 7a) ᄯᅢ(一 12a) ᄯᅳᆯ(一 37a)

ㅽ : ᄲᅡ져(一 13a) ᄲᅡ혀(一 17a) ᄲᅢ(一 27a) ᄲᅥ쳣더니(一 27b)

ㅾ : ᄶᅳᆨ긔(一 29a), ᄶᅬ여디고(二 33a), ᄶᅩᆺᄎᆞ ᄇᆞ리더라(四 53a)

ㅳ : ᄠᅳᆺ을(一 49b), ᄠᅵᆨ으니(二 23a)

ㅄ : ᄡᅡ흐며(一 4a), ᄡᅡᆼᄡᅡᆼ이(三 24a), ᄡᅳ믈(一 35a)

ㅄ : 뵈ᄧᆞ기(一 19a) ᄧᅡᆨ이 업시(三 24a) ᄧᆞᄂᆞᆫ디라(一 19a), 문ᄧᅡᆨ으로(二 68)

ᄢᅵ고(二 43a)

(2) 어두된소리화 현상이 보인다.

ᄉᆞᆸᄶᅵ고(三 58a), cf. ᄉᆞᆸ디디 못ᄒᆞ니(四 10b), ᄯᅵᆨ으니(一 33a), ᄧᅵᆨ으니(二 23a)

ᄡᅮᆨ긔삼머리로(一 29a)

(3) 「ㆍ」 는 다음과 같이 混記되고 있다.

ᄶᅵ쳐(五 25b) cf. 째쳐(一 25b)

ᄲᆡ이어(四 25a) cf. ᄲᅡ혀(一 17a)

다ᄅᆡ거ᄂᆞᆯ(三 17b) cf. 다래어(二 72b)

ᄇᆞ람(一 25b) cf. 바람(一 44a)

오ᄅᆡ 주려 (四 10b) cf. 오래 문밧긔 셔시니 (二 18a)

(4) 主格助詞 '-가'가 보이고 있다.

ᄒᆡ가 나즌ᄒᆞ여서 턴디 어둡고(一 54b)

매가 새ᄅᆞᆯ 쫏듯 ᄒᆞᄂᆞ니(二 27a)

그 아ᄒᆡ 뉘가 제 어민 줄 모로더라(二 57a)

(5) 口蓋音化는 非語頭音節뿐만 아니라 語頭音節에서도 나타난다.

마시 죠타 ᄒᆞ니(三 58a) cf. 됴흔 말로(三 62a)

어지디 아니ᄒᆞ고(四 34b) 곳치미 업ᄂᆞ니(三 9a)

(6) 語頭의 ㄴ이 i 母音 앞에서 탈락하는 모습을 보인다. 이것은 'ㄴ'의 口蓋音化와 연관을 가지는 것이다.

일우디 못ᄒᆞ리라(二 72b) cf. ᄡᅡᆼ으로 닐우노라(三 41a)

여ᄅᆞᆷ이면(一 15a, 29b) 여ᄅᆞᆷ에(一 44a)

(7) 圓脣母音化 現象이 두드러지게 나타난다.

무서워(一 21b) 물(水, 一 44a) 풀 ᄒᆞᆫ퍼긔 (一 44a)

(8) 語中의 ㄹ-ㄹ 의 표기는 ㄹ-ㄹ 표기와 ㄹ-ㄴ 표기가 混用되고 있다.

ᄡᆞᆯ니(二 50a) 올나(一 19b) 날로 ᄒᆞ여곰(一 19b) 닐러(一 19b)

(9) 「밭(田), 솥(鼎) 숯」의 活用形에 다음과 같은 것이 보인다.

밧ᄎᆞᆯ(一 45, 四 29) 솟출(一 4) ᄯᅳ지(二 33a)

(10) 口語的인 要素가 보인다.

도미 ᄀᆞᆯ오ᄃᆡ 신의 쳐거ᄐᆞ니ᄂᆞᆫ 비록 죽어도 변티 아니ᄒᆞ리이다 (都彌曰若臣妻雖死無貳王) (三 62b)

이 五倫行實圖는 1972年에 李民樹 先生의 解題와 現代語譯을 붙여 乙酉文化社에서 影印하였다.

參考文獻

金元龍(1960), 整理字版 '五倫行實圖', 圖書 1의 8, 9, 10.

南廣祐(1979), 五倫行實圖 硏究, 白史全光鏞博士回甲紀念論文集.

李乙浩(1969), 五倫行實圖, 韓國의 名著 所收, 玄岩社.

崔世和(1966), 五倫行實圖의 國語史的 考察, 淸州大學論文集 5.